イギリスの不思議と謎

金谷展雄
Kanatani Nobuo

まえがき

私たち現代の日本人は、一般にイギリスをどんな国と思っているだろう？　昔大国だったというヨーロッパの古い国。礼儀としきたり、伝統を重んじる保守的な国。紳士の国。イギリスあるいはイギリス人と聞くと、私たちはたいていこういう古色蒼然《こしょくそうぜん》とした側面を思い浮かべることだろう。

けれど、イギリスにはこれと異なる面もある。サッカー場の内外でフーリガンが暴れる国。ミニスカート発祥の地。そう言えば、パンクだって、アメリカが起源とはいえ、大きな社会現象にまでなったのはイギリスだった。こちらの例は伝統や保守主義とは正反対のイメージではないだろうか？

実際イギリスには正反対の要素がいくつもある。先ほどの紳士とフーリガンの例もあれば、斜陽産業である重工業と自然環境を重んじるエコ産業の共存もある。そもそもイギリスの斜陽産業と呼ばれるものは、「世界の工場」と言われた時代に世界の先端を切っていた。当時の大型工場がそのまま残っているので、今では古くさくなってしまったのだ。

よく考えてみれば、イギリスには世界初と言えるものが多い。先に挙げた重工業とかぎらなくても、産業革命そのものについて、イギリスが発祥の地であることは広く知られている。その産業革命の結果、資本主義も、大きく国全体の制度となったのはイギリスが最初だった。さらには、現代では世界の多くの国で議会制度が政治の中心をなしているが、この民主主義形態もイギリスから起こったものだ。このように、現代世界を支えている中心的な社会制度の多くはイギリスから始まった。

他にも、蒸気機関車を利用した鉄道や、切手を貼《は》る郵便制度を挙げることができる。後者については、一八四〇年に初めてイギリスで発行された切手は、便利さからすぐ世界中に広がった。けれど、現在に至るまで国名を記さない切手が使用されているのはイギリスだけである。世界初はスポーツの世界にもある。世界で今広く行われているスポーツの多くは、イギリスで始まった（ゴルフ、テニス、ピンポン）か、初めて統一的なルールが定められた（サッカー、ラグビー、ホッケー）。

こんなふうに見てくると、イギリスは、私たちが真っ先に思い描く、伝統を重んじる保守的なイメージとは裏腹に、実は「新しがり屋」であることが分かる。

私自身は、イギリスを古いと同時に新しい国と考えている。古くからある伝統を守りつつ、どんどん新奇なものを取り入れるのだ。矛盾する要素が数多く存在する国、それがイギリスである。矛盾の中には、過去のイギリスと現代のイギリスの間に事態が逆転して起こったものがある。前述の大型工場のように、先端的なものでも、そのまま残れば時代遅れになってしまうわけである（これはどこの国でも多少は起こる現象だろう）。

また、価値観が変わったために、イギリス人の態度がほとんど一八〇度転換したこともある。一例を挙げると、動物いじめが人気の見世物だった昔と、動物愛護で知られる今。紳士とフーリガンの共存のように、矛盾が同じ時代の中にみられる場合もある。

理由は様々であれ、イギリスは矛盾と不思議と謎《なぞ》に満ちた国である。それがイギリスの魅力の大きな一部となっている。

今イギリスは政治的にも経済的にも決して世界の最強国ではないし、むしろ瀕死《ひんし》の老大国とさえ思う人々もいる。それなのに、日本人を含めて、世界中からイギリスを訪れる人が絶えないのはなぜだろう。

イギリスは世界で初めて近代化を遂げた国であるばかりか、都市化も早かった。それでも、今日、ロンドンを含めて、イギリスの都市の多くにはある種の安らぎがある。人間くさいところが感じられるからだ。とくに日本人の目には生活のペースがゆったりしているように映る。まして、イギリス人自身が誇りに思い、憧《あこが》れる田舎となると、萱葺《かやぶ》き屋根の家屋が相当見られることをはじめとして、昔ながらのよさが失われていない。これが世界で最初の工業国家であり、近代国家であるとは信じがたいほどだ。

矛盾と見え不思議に思えるものの中にも、分析したり歴史を振り返ってみたりすれば、簡単に説明のつくものも多い。同時に、どう見ても謎としか言えないものもある。そういうものを、イギリス人自身も不思議に思ったり、自慢したり、楽しんだりする。

私はかなり年月をかけて、イギリスの様々な面を理解しようと努めてきたが、未《いま》だに分からないことが多い。この本では、私が理解しているつもりの事柄、あるいは不思議に思い続けている事柄をいくつか取り上げ、語ってみたい。その目的は、第一に、イギリスの不思議をイギリス人にならって自分自身が楽しむことにある。同時にそれが読者の皆様の楽しみにつながれば、これほどうれしいことはない。

目次

第一章　歴史に名を残す最初の紳士は強盗殺人犯？

最初の紳士はだれ？

最初のイギリス人紳士はどこのなんという人だったのだろう？　興味深い問いではあるが、残念ながらこたえは簡単には見つからない。何しろ古いことだし、紳士とはどういう人を指すのか、あいまいなところがある。けれど、公文書に名を残した最初の紳士なら、大体分かっている。

時は封建制末期の一四一四年。イングランド中西部の州都スタフォードでは、ある重大な刑事事件の裁判が行われていた。ロバート・エアディスワイクなる男が、強盗殺人罪に問われ裁かれていたのだ。人家に押し入ったばかりか、ひざまずいて命乞《いのちご》いする家の主を殺害したという。

被告は裁判において、前年に定められた法律（ヘンリー五世の治世第一年の法律五号）に従い、身分ないし職業を名乗らなければならなかった。この強盗殺人犯は、おそらく定職についていなかったのだろう、自らを「紳士」（gentilman　現代綴《つづ》りで gentleman）と名乗ったのだった。

いやしくも紳士と名乗るものが強盗、ましてや殺人を犯すことなどありえないと考えたら、この裁判記録の真実性は疑わしくなる。それとも、ロバート・エアディスワイクは身分を詐称《さしょう》したのだろうか？　この考え方はどちらも可能性はあるにせよ、当時の社会情況を知れば、暮らしに困った紳士が犯罪に走ることは、決して珍しかったとは言えない。それはなぜか？

当時、社会は前世紀から続いて変革期にあった。封建領主たちの支配を脅かす要素が数多く生まれていたからである。一四世紀半ばのペスト、いわゆる「黒死病」の発生に端を発して農業人口が激減したうえに、労働が封建的な賦役労働から賃金労働に変わろうとしていたので、領主の立場は弱くなっていた。さらに、領主たちを窮地に追いやったものは、当時イギリスが羊毛生産国から毛織物生産国に変貌《へんぼう》しようとしていた歴史的事実だった。その結果、ところによっては、農村も単に農業地帯ではなくなりかけていた。「農村工業」が発展し始めていたのである。これにより、従来の都市のみならず、農村の中でも、領主の存在基盤は揺らぎかけていた。

この情況を受けて、領主たちの暮らしは必ずしも安穏とは言えなかった。領主の長男はいずれ財産と身分を継ぐ身として一応安泰だったとはいえ、次男・三男となると、生活が不安定なことも多かった。以前なら、父親の生前はもちろん、死後も兄のところに居候《いそうろう》したり、あるいは何がしかの財産を分けてもらい、独立したりすることもできただろう。けれど、そのころは領主や長男でさえ以前ほど羽振りがよくなかったから、肩身の狭い生活もままならぬことがしばしばだった。文献学者のジョージ・シットウェル（一八六〇～一九四三年）によれば、「ちょうど当時は次男以下の息子の問題が歴史上初めて、好ましからざる意味で浮き彫りになった時期であった」（"The English Gentleman", *The Ancestor* より著者訳）。

そんなときに、一時的にせよ彼らを救ったのが、英仏百年戦争（一三三七～一四五三年）だった。戦乱の時代には、武勇に長《た》けたものなら、機会さえ来れば手柄を立てて出世することができる。百年戦争には、多くの次男・三男に「飯の種」を提供してくれる、ありがたい失業対策という側面があった。しかし、所詮《しょせん》それは一時しのぎでしかなかった。ひとたび戦争が終わると、彼らの生活の保障はほとんどなかった。多少の腕っ節の強さくらいしか取り柄がなかったら、結局、実力者の用心棒になるか、無頼漢として糊口《ここう》をしのぐのがやっとだっただろう。あげくに尾羽打ち枯らして強盗に走っても、なんら不思議はなかったのだ。

かの押し込み強盗・殺人犯ロバート・エアディスワイクは、そのようなやくざ者の一人だったと考えるのが妥当である。

この強盗紳士は、先ほど引用したシットウェルが当時の裁判記録を渉猟して発見したものであり、ここに描いた人物像は、シットウェルの想像を筆者が多少敷衍《ふえん》したものである。これは、いかにも当時の紳士にありそうな生き様と思われる。それはなぜか、次節で明らかにしたい。

紳士の身分

紳士が強盗殺人犯になるなんてことがあるのだろうか。そんなことは、日本人のたいていが抱くイギリス紳士の姿と大きく食い違っていると思われる。紳士とは人格者のことではないのか？　こう考える人が多いだろうが、この理解には、「紳士」に関する大きな誤解がある。

もともと紳士を表わすジェントルマンという言葉は、単純に身分を示すにすぎなかった。この語はフランス語の gentil-homme（英語なら gentle-man）から来ているが、フランス語 gentil も当時は「高貴な生まれの」あるいは「身分の高い」という意味しかなかった。その意味がそのまま英語に持ち込まれて英語化されたのが gentleman だった。人格とは関係がなかった。

ロバート・エアディスワイクの時代、イギリスの爵位としては、すでに男爵（baron）のほかに伯爵（earl）が存在したが、いずれも少数だった。その下の身分を表わす語としては、ナイトやエスクワイアがあったが、それらは一家の長（あるいは長男）が名乗るべきものだった。その次のフランクリン（ざっと言って、小地主に当たるだろう）と称するのは、支配階級にあると自負するものにとってプライドが許さなかったと思われる。さらに下の、上層の農民とでも言うべきヨーマンははっきりと被支配者だったから、なおさら問題外だったろう。

そうなると、高貴な生まれと自負していても、明確な身分に当てはまらず、職業もないエアディスワイクのような人物には、ただ漠然と高い生まれを表わすジェントルマンという言葉を用いるしか、自己を表現することはできなかったのだ。

高貴な身分にある者が必ずしも高貴な人格を持っていないことは、古今東西を通じて変わらぬ事実だろう。それは当然ながらヨーロッパの中世にも当てはまる。もともと騎士道を目指したはずの中世の歴史は、実際には、裏切りと流血に彩られていた。日常的な場においても、支配者たちは大した悪事に手を染めていなくても、高潔には程遠かったと推測される。

一例を挙げてみよう。ほぼエアディスワイクの生きた時代を描いているシェイクスピア作『ヘンリー四世』の第二部に、田舎紳士のシャローという男が登場する。この人物は、治安判事という国政の要《かなめ》にありながら、勝手気ままに暮らしている。若いころは、ロンドンに住んで、一応法律の修業をしていたはずなのに、実は放蕩《ほうとう》にふけるばかりだった。今は、ただ飲んで食い、昼寝するのを楽しみにしている。肝心の法の番人としても、はなはだ心許《こころもと》ない。雇っている下男が、巡回裁判で裁かれる仲間のことを「よしなに」と頼んだとき、シャローはその男が悪党と知りながら、悪いようにはしないと約束してやる。戦《いくさ》の帰りに館を訪れ、その様子を目撃したある登場人物（ほら吹きのフォルスタッフ）が、あきれてこんなせりふをはいている。「判事は判事でも、性根はてんで奉公人同然ときてやがら」（中野好夫訳）。

このシャロー判事は次男でも三男でもなく、館の当主である。しかも治安判事とくれば、その地方の名士であり、実力者に違いない。紳士は大多数が地方に住んでいたし、しかも全部が地方判事になれたわけではないことを考えると、シャローはれっきとした紳士である。この例から、紳士なる存在が社会的地位を指すものであり、人格とは関係のなかったことが読み取られるはずである。

そうであれば、件《くだん》の紳士エアディスワイクが強盗を働き、人を殺《あや》めることまでしたのも、当時の現実から決して離れているわけではないのだ。

「紳士」というあいまいさ

では、紳士が「高い身分の人間」を表わすとしたら、実際に社会の中でどのような身分の人を指したのだろう？　それは時代によって違うので、簡単にこうこういう身分とは言えない。

しかしながら、その身分を限定しようとする試みは歴史上多々あった。たとえば、ロバート・エアディスワイクの時代のように紳士が歴史に登場してまだ間がないころは、爵位のある人間なら「紳士」と称さなくてもその爵位を名乗ればよかったから、紳士とは当然、爵位はない（だから貴族ではない）が高貴な生まれの人間を指した。けれど、「爵位のない高貴な人間」といってもあいまいであることに変わりない。時代によっては、もっと明確にするために、爵位はないが（つまり貴族より下の身分ではあるが）、古い家柄の証《あかし》である紋章を帯びることを許されたものという定義がまかり通っていた。だが、紋章を認可する「紋章官」たちが実は賄賂《わいろ》で動くことが多かったからか、この定義も決して万人が認めたものではなかった。また、時代が進むと、貴族のように明らかに身分の高い人物は当然紳士であると考える傾向が強まった。

要するに、ほとんどの人が賛同するような紳士の定義はなく、どの時代にもほぼ通用する紳士の定義と言えば、やはり漠然と「身分の高い人」が紳士とみなされた、というくらいしかない。だれが紳士であるかはきわめてあいまいだったのである。

ところが、このあいまいさがイギリスの社会と歴史にとっては非常に重要だった。あいまいであれば、だれでも紳士になれるかもしれないという幻想を抱くことができた。結果的に、社会的向上を狙う、つまり上昇志向を持つ人々を多く生み出したのだ。それは支配階級にとって大変好都合だった。社会で成功した人々をある程度支配階級に迎え入れることにより人材を確保したばかりか、支配階級にとって危険な急進分子を籠絡《ろうらく》することもできたからである。紳士というあいまいな存在が、支配階級の長期的安定を保障したのである。

定義があいまいである一方で、一般にイギリス紳士は大地主であるという印象がある。それは正しいだろうか。

身分の高い人はたいてい財産のある人でもある。そして一九世紀に至るまで、財産はほとんどが土地に基づいていた。したがって、そのころまでは紳士とは大方が大土地所有者、つまり地主だった。土地からあがる地代などの収入があるから、自らは働かなくてすむ、いわゆる不労所得のある者たち、それが紳士である。現代日本人の一般的な考え方とは逆に、彼らは働かないことを誇りにする無職の人々だった。もちろんその実態について言えば、土地は自ら作り出したものではないにもかかわらず、彼らはそれを私有財産と考え、

紳士という身分の目安

peer 貴族	duke（公爵） marquess（侯爵） earl（伯爵） viscount（子爵） baron（男爵）
gentry ジェントリ かなり大きな土地を所有するが、爵位のない人たちの総称	baronet（準男爵） knight（騎士） esquire（郷士） (mere) gentleman（[無爵位の]紳士）
profession 知的専門職（law, medicine and the Church）に就く人たち＋officers（士官）	

その上に住む人々（大体は農業労働者）の労働を搾取することから収入を得て、社会を統治していた。要するに、土地と労働者の搾取からくる収入に安住して消費と享楽に励む人々、それが大部分の紳士だったのである。

ただ、イギリスの支配階級はフランスなどとは違い、財産と爵位を長男一人に継がせる相続制度をとっていた（長子相続制と呼ばれる）。次男以下の息子たちはプロフェッションと呼ばれる知的専門職につくことが多かった。その専門職は一九世紀以後多様化するが、それまでは基本的に法律・医学・教会の三分野を指した。つまり法律家（ただし事務弁護士を除く）、医師（ただし外科医を除く）、聖職者（ただし、宗教改革以後カトリックと非国教徒を除く）に加えて軍人（陸・海軍士官）がたいてい紳士と認められていたのである。

以上を図示すれば前頁の表のようになる。この表に含まれるのはすべて広義で「紳士」と言われる人々である。彼らの中で、最も狭義の紳士と言えば、「単なる紳士」つまり「無爵位の紳士」ということになる。

なお、この表より下位に位置する身分はもはや紳士ではないが、その筆頭に来るのはfranklin（フランクリンとカタカナ表記するほかないが、「自由農民」と訳されることもある）とyeoman（ヨーマン）。この二つは中産階級に属する。もっとも、紳士とみなされるプロフェッションも中産階級という点ではフランクリンやヨーマンと同じだから、紳士か非紳士かという問題は、単に階級的な視点からだけでは論じきれない。実際、紳士という存在は複雑・微妙な歴史的現象である。

貴族より高い人格とは?

では、紳士は一切人格とは関係がなかったかと言えば、それは必ずしもそうとは言えず、事柄は大変複雑である。本来は関係がなかったが、人々の気持ちの中に、紳士はその身分にふさわしく、高貴な人であってほしいという願望はあった。

しかもその願望は紳士の誕生とほとんど同時に生まれたとも言える。たとえば、最大の英語辞書である『オックスフォード英語辞典』（ＯＥＤ）は一三八六年の使用例として、紳士とは「高貴な生まれにふさわしい資質と行動のある人間」という意味で、チョーサーから引用している。またチョーサーは『カンタベリー物語』の中の「バースの女房の話」においては、騎士と結婚する老婆に「高貴な行いをするものが紳士である」（著者訳）と解釈するべき言葉を語らせている。

紳士が高い資質の持ち主であってほしいという願望は、紳士に関してよく引き合いに出される次の表現にも表われている。「だれだったかが言ったように、王といえども、貴族に叙することはできても、紳士を生み出すことはできない」。一八世紀の政治家エドマンド・バークのこの言葉は、紳士が人格の問題であるとすれば、貴族の称号とは違って、それを作り出すのは王の意のままにならないことを意味する。それは同時に、紳士が貴族より高い存在であること、あるいはあるべきであることを示してもいる。

しかし、それはあくまでも願望であり、期待であった。期待に応《こた》える人物が存在したことも事実ではあるが、それは決して普遍的な現象ではなかった。「紳士」とは、一義的には身分を指す言葉であり、それが社会的、一般的な現実でもあったことは強調しておくべきだろう。

紳士の人格面について、どういうことが期待されたかとなると、それは簡単には決められない。歴史的に変化しているからである。ただ、紳士も社会の支配者である以上、過去の支配者の理想をかなり受け継いでいる。とくに、紳士は基本的には、中世の騎士以上の身分の者が主君から与えられた土地をそのまま継承して地主となったとみることができるから、騎士の理想からかなり影響を受けている。戦乱の時代に生きた騎士に求められた最大の資質は武術に優れていることだった。概して平和な時代の支配者である紳士にも、その言わば変形として勇気が求められた。おそらくそれが、紳士たちの決闘が一九世紀まで続いた理由と言えるだろう。

けれど、思うに、勇気は紳士たちに最も強く求められた資質ではなかった。一番求められたものは、「紳士協定」という表現に表われているような、紳士の言葉の信頼性ではなかったか。紳士の言葉であれば、公式の文書を残さなくても、あるいは借金証文など出さなくても、相手に信じてもらえたというあの信頼性である。ただし、紳士の言葉の誠実性は、紳士理念の重要な部分ではあっても、必ずしも実行されたわけではない。

騎士の理想を受け継いだと思われる紳士理念をもう一つ取り上げてみたい。それは、紳士が歴史と社会を支配していた最近の数百年にわたって、ほとんど普遍的に望まれた「弱者、とくに女性に対する優しさ」である。これが紳士にとって重要なものであったことは、時にほとんど完璧な紳士の例として挙げられるサー・フィリップ・シドニー（一五五四～一五八六年）のことを思い出せばよいだろう。

もともとシドニーは、処女王エリザベスを取り巻く廷臣たちの中で光る存在だった。女王に対して忠誠心を示し、名誉を重んじ、女性に対する献身と称賛にあふれる詩を書いて、廷臣の華と目されていた。そのシドニーを理想的な紳士にしたのは、死に際に見せた弱者に対する思いやりだった。戦場で負傷して死の床に向かう途中、一杯の水を差し出されたときにそれを拒む。瀕死の一兵卒を見て、その男のほうが水を必要としていたからだった。

最後に、女性に対する優しさにかぎって、それがどんなものだったかをみてみたい。中世の末期から近世の初めにかけて、自分の愛する女性に対する優しさとは、その女性を褒め称えることにあった。それも、ただ心の中で称えるだけでなく、世の中に広く美点を言いはやしてこそ、誠実な紳士であると言えた。その女性を宣伝することが紳士にとって大事だったのだ。たとえば、騎士道のパロディーではあるが、ドン・キホーテはトボソ村の娘ドゥルシネーアを高貴な姫君と思い込み、だれかれかまわず、その美徳を認めさせようとする。シェイクスピアの作品『お気に召すまま』の中では、ロザリンドの魅力に打たれたオーランドーは、その名を称える詩を多く木の幹に彫りつける。

ところが、ヴィクトリア朝時代になると、人々は慎重になったのか、たとえ美点であれ、愛する女性のことを人前で語るのは避けるべきであると考えるようになった。その女性の名誉を危うくしかねないからだ。あるいは、人前で恋人の名前を出すようなことをしたら、誠実さが疑われ、たちまち紳士の資格を失ってしまう。そんな行動に出れば、むしろ下司《げす》、卑しい男と思われてしまうのだ。フィリップ・メイソンによれば、

しだいに形を整えはじめていた紳士の理想像において、禁欲の要素のほか堅実と節操がますます強調されるようになった。悲鳴をもらさず苦痛に耐えるだけでなく、あ

らゆる感情の兆しを抑えることが重要だった。（中略）今では恋する男は、あらゆる木にロザリンドの名を彫りつけるどころか、激しい思いをできるだけ隠そうと努め、絶対にほかのだれとも恋人のことを話したがらない。

（『英国の紳士』）

女性に対する優しさについて、人々の考え方は、二、三百年の間に、ほとんど一八〇度変わってしまったと言える。現代の日本人なら、この二つのうちどちらが女性に対する誠実さであり、優しさであると考えるだろうか？　とくにフェミニズムを思い起こせば、そのこたえが実に多様であることは容易に想像がつく。女性が弱者であるという前提も自明ではなくなっている。そのうえ、実のところ、現代にはたして紳士なるものが存在するかどうかさえ、大いに疑問である、少なくともイギリスでは。

紳士は時代とともに変わる

現代日本人の一般的な考え方とまでは言えないにせよ、紳士とは人格者であるという見方はかなり根強いと思われる。そういう考え方はもちろんイギリス人の間にもある。けれど、イギリス紳士に関するかぎり、「紳士」は基本的に身分・財産を表わす語であり、人柄とは関係なかった。財産といっても、紳士が初めて出現したときから一九世紀に至るまで、それは土地に基礎をおいていたので、結局、紳士とは実質的に大地主のことを指した。もっとも、産業革命後は土地以外の財産（たとえば産業資本）のほうが次第に大きくなっていったので、一般的に言えば、単なる地主は大した財産家でもなく、権力者でもなくなっていく。かわって動産等の所有者のほうが財産家、権力者となり、紳士の座を占める。いずれにしても、紳士が財産と社会的地位の問題であったことには変わりない。

ただ、紳士の出現とほぼ時を同じくして、紳士は高い身分・財産に見合うだけの高い人格を備えた人であってほしいという願望は存在した。その願望が紳士概念を複雑なものにしたことは確かである。同時に、どのような人格・資質を望ましいと考えるかが、時代によって変化したことにも注目すべきである。

産業革命以後の時代に土地以外の財産がものをいうようになったとき、紳士が人格者であってほしいという期待はますます強くなった。そんな時代に動産、不動産を問わず、財産さえあれば、人格の高い人は紳士として高く評価された。けれど、財産も地位もない人は、たとえ人格がどんなに優れていても、社会の中で紳士として遇されることはなかった。一九世紀は、その現実がしだいに露呈し、紳士の実態（とくに財産の由来）に対する幻滅が広がり始めた時代でもある。その間も、紳士は相変わらず財産と社会的地位の問題であり続けたものの、財産と社会的地位の中身は大きく変わったと言える。

現代の紳士

最後に、紳士の実態は現在どのようになっているだろうか？　実はこの問いかけ自体に問題がある。はたして今日「紳士」が存在するのかどうか、まずそれが問われるべきなのだ。なぜなら、自ら紳士であったフィリップ・メイソンを再び引用すれば、「社会的地位としての紳士理念はほとんど消滅している」（前掲書）からである。

紳士は中世末期から一九世紀に至るまで基本的に社会的地位を指す言葉だったと先に述べたが、一般的に言えば、社会的地位に富と特権が伴ったことは言うまでもない。それが当然であり、自然でもあると考えられていたのは、イギリスの紳士が地位・富・特権に付随する責任を担い、果たしているという前提があったからである。つまり、ノブレス・オブリージュの伝統が生きているという信頼があったのだ。

信頼が崩れ始めたのはいつごろだろうか？　おそらくフランス革命を通じて、人はみな平等であるという考え方が普及し始めた一八世紀末だろう。人々は高い地位にある紳士たちの正当性に疑問を持ち始める。ノブレス・オブリージュが単に標語にすぎなかったら、紳士による支配はもっと早く崩壊したはずだが、イギリスではある程度実行されてもいたので、その後も百年余にわたって命脈を保ち続ける。けれど、その間にも紳士の言わば罪状（搾取、責任なき特権、統治者の非人間性など）がだんだんと明らかになり、第一次大戦を契機に紳士支配は事実上終わりを告げる。

人格的に優れた個人としての紳士がその後も存在し続け、尊敬され続けたことは言うまでもない。また、爵位を持つ人を含めて昔なら紳士と言われた人々が、第二次大戦後に至るまで首相をはじめ高位高官の座につくことは少なくなかった。しかしながら、紳士という名の支配階級全体は、第一次大戦とともに終わりを告げたと筆者は考えている。

では今日紳士は存在するか？　自ら紳士と名乗る人さえいるくらいだから存在しないわけはない。ただ、まさにこの点にこそ、現代紳士の実態が見て取れる。昔なら、紳士なるものは自分を紳士と思っていても、自ら紳士と名乗ることはなかった。紳士とは他人が自分のことを呼んでくれる尊敬の言葉だった。だから、今日、自らを紳士と呼ぶ人には自《じ》嘲《ちょう》があるのではないかと思う。たとえば貴族なら、身分が高いことは否定しようもないから、紳士であると言わざるをえない。自分は落ちぶれた紳士でございい、それが自ら紳士と名乗る人の内心ではないだろうか？

現在では、他人が特定の人を紳士（ジェントルマン）と呼ぶことはないのだろうか？それももちろんある。ただ、その場合の紳士とは、たいてい「礼儀正しい人」あるいは「女性に優しい人」という意味である。つまり、エチケットないし人格の問題なのだ。もう少し軽い意味で使われる「ジェント」（gentleman の略語 gent）とともに、社会的意味合いはない。

しかしながら、ジェントルマンという言葉は今も社会的なニュアンスを引きずっている。ただし、使う人によって違うとはいえ、昔の肯定的なイメージより、むしろ否定的なうしろめたいイメージのほうが強いかもしれない。したがって、純粋に人格上優れた人をいう場合、多くの人はおそらく別の言葉を用いるだろう。それがディーセント・チャップ

（decent chap）あるいはディーセント・マン（decent man）である。これなら社会的な意味合いは皆無で無難である。現代の紳士には負のイメージがつきまとう。

第二章　エディンバラがイギリスの地図にない！

マップ・オブ・イングランドはどこの地図？

三〇年ほど前になるだろうか。そのとき私は、清潔だが安いロンドンのホテルに滞在していた。あまりお金に縁のない者にはけっこう知られた宿だったので、他にも一人、日本の大学教師Aさんが泊まっていた。気取らない人だったから、親しくなって、よく雑談したものだった。

ある日の朝、有名なイングリッシュ・ブレックファストを楽しみに半地下の食堂に入ったら、Aさんが目で横に座れと言う。私が腰を下ろすのも待ちかねて、Aさんはまくし立てた。「エディンバラがイギリスの地図にない！　イギリスの本屋はまったく信用できない！」。

Aさんは、翌日スコットランドに出発することになっていた。旅に備えて、ロンドンの有名な本屋で地図を買ってきたのに、宿に帰って開いてみたら、何度見直してもエディンバラが見つからないと言うのだ。

早速その地図を見せてもらった。表紙には「マップ・オブ・イングランド」と書いてあった。それで分かった。むしろエディンバラがあったらおかしい。Aさんも私同様、イギリスのことを勉強していたが、対象は「歴史」でも「文化」でもなかった。イングランドと言えば、単純にイギリスという国、またはその土地を指すと思っていたのだ。

スコットランドとイングランドの関係

イングランドは、語源的には「アングル人の土地」という意味である。アングル人は、ローマ帝国を弱らせた例のゲルマン民族の一派だが、紀元後五世紀ころイギリスにやって来たときには、すでにサクソン人やジュート人と混血して一体化していた。彼らはイギリスでは新参者であり、その地にはすでにケルト人が千年以上前から住み続け、そのころはローマの支配を受けていた。

アングル人（またはアングロ・サクソン人）に追い立てられたケルト人たちは、多くが「アングル人の土地」の周辺に逃れ、前からいた様々なケルト系の人々と、あるいは争い、あるいは何とか共存しながら、各地に小国を打ち立てた。

そういう周辺地域の一つがスコットランドだった。千年以上の長い間、イングランドとスコットランドは、両地域の間にローマ人が築いた長い城壁（ハドリアヌス帝の城壁）をはさんで、にらみあい、侵略しあう。どちらも初めは統一国家を形成していなかったが、それぞれが一応統一された後も対立・抗争は続いた。その間にイングランドとスコットランドの国境線は何度も変わる。

両者の争いは、概してイングランドが優勢だったけれど、完全に征服するには至らなかった。一四世紀にスコットランドの英雄ロバート・ブルースが巻き返し、バノックバーンの戦いにおいて決定的な勝利をおさめた後、しばらく、両国の間には不安定な「平和」が訪れた。

一七世紀のはじめに、エリザベス女王の死後、ジェイムズ一世が両国の王となっても（スコットランド王としてはジェイムズ六世）、この二つの王国はそれぞれ独立していた。ようやく「合同」するのは、一八世紀になってからだった。その後も両者の間には様々な問題が生じ、決して一枚岩とは言いがたい。

スコットランドは長く独立国家だったから、独自の文化と教育制度を発達させてきた。たとえば、中世から近世にかけて大学の数はイングランドより多かったし（イングランドはオックスフォードとケンブリッジの二つであったのに対し、スコットランドは創立の古い順にセント・アンドルーズ、グラスゴー、アバディーン、エディンバラの四大学があった）、そのあり方も大分違っていた。学校教育もイングランドよりむしろ進んでいた。貧しい国でも教育には熱心だったのだ。学校の呼称さえ両者は一致せず、後に述べるようにパブリック・スクールと言えばイングランドでは私立学校のことだが、スコットランドではアメリカ英語と同じようにたいてい公立の学校を指す（もっとも、後述のようにスコットランドにもイングランドと同じようなパブリック・スクールが存在するので、紛らわしいことこの上ない）。

両地域の制度の違いは様々な分野に及ぶ。紙幣さえ、スコットランドでは今も独自のものが発行されている（イングランドでも通用するが、時に低く見られることがある）。それでも、合同以来三〇〇年がたった今でも、スコットランド人の間にはイングランドとの格差に不満がくすぶり続けている。そのあげく、分離独立を主張する人々が未だにあとをたたない。現に、かねてからスコットランドの独立を主張していたスコットランド国民党は、二〇一一年のスコットランド議会議員選挙において過半数を制した（前回の選挙では、過半数に届かなかったものの最大の党派となり、緑の党の協力のもとにスコットランド議会の与党だった）。

以前に敗れた独立のための国民投票を再び計画しているので、今後事態がどう進行するか、大いに注目すべきだろう。

イングランドは一地方

ともあれ現在は、後に述べる北アイルランドとウェールズをあわせて、スコットランドはイングランドと「連合王国」を形成している。イギリスの正式名称は「グレート・ブリテンおよび北アイルランド連合王国」(the United Kingdom of Great Britain and Northern Ireland) と長々しい。私たち日本人がイギリスと言うのは、たいていこの連合王国のことを指している。

一方、イングランドという言葉は、昔はスコットランドと対立した王国を指したが、今は「連合王国」の一地域を意味する。とはいえ、これは正式にはということであり、日常的には「連合王国」つまりイギリスの意味に用いる人もある。これはあくまでも誤用ではあるが、イングランドの住民の中にはそういう人が多いと思われる。けれど、スコットランド人、アイルランド人、ウェールズ人たちにとってこれはとんでもない話で、自分たちを支配し、自分たちに煮え湯を飲ませ続けたイングランドを「連合王国」の代わりに用いる人は、たとえいるとしても例外的と思われる。

しかし、同じ英語を話す国民でも、アメリカ人となると、歴史に詳しい人は別として、イギリスという国を表わすのにイングランドという言葉を使う人はけっこう多い。

この章の冒頭で述べた「マップ・オブ・イングランド」に話を戻そう。これをイギリスの地図という意味にとるのは、何も日本人にかぎらず、アメリカ人を含めて外国人にはよくあることだろう。イギリスの歴史においてはイングランドが支配的であったし、これは今も変わらないから、むしろ自然なこととさえ言えるかもしれない。しかし、マップ（地図）と言えば地理の話だから、現在のイングランドは決してイギリス全体ではなく、その一地方と考えるのが正しい。エディンバラは、今では同じくイギリスの一地方であるスコットランドの中心都市。だから、イングランド地方の地図を買ってきても、そこには載っていない（四三頁の地図を参照していただきたい）。

外国人にとっては面倒くさい話にも思われるが、関係する人々にとっては、自分たちの自尊心にもかかわりかねない重大な問題なのだ。それは、イギリス人たちの間に未だに不協和音が絶えず、地域間に対抗心、いや、ナショナリズムに基づく対立さえ存在するからである。

たとえば、私は初めてスコットランドを訪れたとき、エディンバラで観光バスに乗ったが、そのときガイドのスコットランド人の言った言葉が今でも強く耳に残っている。「私たちは戦争でイギリス人を何度も打ち負かしたのだ」。

これを聞いたバスの乗客の中には、エディンバラはイギリスではないのか、と煙にまかれた外国人も多かったに違いない。もっとも、この言葉は実は私の誤訳で、ガイドが打ち負かしたと言った相手は、イングランドの住人、「ジ・イングリッシュ」(the English)。つまり、昔のスコットランド王国の国民が昔のイングランド王国の国民（あるいは今のイングランド地方の住民の先祖）を打ち破った、というのが正しい意味である。

スコットランド人が未だにイングランド人に敵愾心《てきがいしん》を抱いていることを示すエピソードをもう一つ紹介しよう。それは私が学生時代にイギリス人の先生から聞いた古い話である。

あるときスコットランドの郵便配達人が、一通の手紙のあて先に「エディンバラ、イングランド」と書いてあるのを見て腹を立てた。あまりに腹立たしかったので、イングラン

グレート・ブリテンおよび北アイルランド連合王国

ドにエディンバラなどないとばかり、その手紙を破り捨てたという。

今考えると、この話が本当にあったことかどうか、私には確信が持てない。ひょっとすると、スコットランドのナショナリズムを説明するために、先生が私たち学生のために作り出した「うそ」ではないか、私はひそかにそう考えている。今でもスコットランド人たちのナショナリズムは昔に劣らず強いけれど、さすがにこれと同じことは現在では起こらないだろう。けれど、それが起こっても決しておかしくない。いかにもありそうな話ではある。

それほど、スコットランドをはじめとして、周辺の三地域がイングランドに対して抱いているわだかまりは未だに強い。このわだかまりを理解するには、イングランドがウェールズとアイルランドにどのようにかかわってきたかをみておく必要がある。

ウェールズは文化を重視する

グレート・ブリテン島は大部分が平地からなっているが、ウェールズの大半はスコットランドの高地地方（ハイランド）と同じく、山岳地帯になっている。これが幸いして、アングロ・サクソン人は、ブリテン島に移住してきたときもほとんどウェールズに進出することができなかったので、ウェールズ人は、主として牧畜に頼りつつ、貧しいながらも比較的平和に暮らし続けた。フランスのノルマンディー公ウィリアム一世がイングランドを征服したときも、直接ウェールズを征服することまでは企てず、そのかわり国境地帯に三人の「辺境領主」を置いて、徐々にイングランドの勢力を広げる政策をとった。その結果、一二世紀から一三世紀にかけてルウェリン家がウェールズのゆるい統一を果たしたものの、イングランドの侵攻により独立は脅かされていた。

一三世紀の終わりに、ウェールズ人が反乱を起こしたとき、イングランド王エドワード一世はその機をとらえて徹底的にウェールズ人を打ち破った。そしてその後の反乱をおさえるために、ウェールズの各地に堅固な城を築く。そのうちの一つカナーヴォン城で長男が生まれたとき、その男児に「プリンス・オブ・ウェールズ」の称号を与える。このことから、イングランド（後に連合王国）の皇太子は「プリンス・オブ・ウェールズ」と呼ばれることになる。

それでもウェールズ人の独立の気概はなえることがなかった。一五世紀のはじめ、シェイクスピア劇にも登場するオーウェン・グレンダワーが再び反旗を翻す。一時的には成功するが、独立の企ては最終的に失敗する。とはいえ、彼自身は最後までイングランド軍の手に落ちることがなかった。現在に至るまでグレンダワーは、ウェールズ人の英雄として、ほとんど伝説的な性格を帯びるほど尊敬されている。

その後、イングランドの内乱（バラ戦争）に勝利をおさめ、イングランドの王位についたヘンリー・テューダーがウェールズ出身だったので、ウェールズ人の自尊心も一応おさまった。一五三六年にはイングランドとウェールズは正式に合同し、以後、二つの地域の制度的な統合が進む。それは実質的にはウェールズにイングランドの諸制度が持ち込まれることを意味したから、ウェールズ人に不満がなかったわけではない。けれど、ウェールズのナショナリズムは、今に至るまで他のケルト系二地方と比べて比較的穏健である。

もっとも、ウェールズのナショナリズムに決して政治的要素がないわけではない。かつては（たとえば一九六〇年代）、ウェールズからイングランドの工業地帯に引かれた水道管を爆破するようなテロ行為もみられたし、ウェールズ国民党（プラッド・カムリ）は今も健在で、ウェールズの独立を唱え続けている。

とはいえ、ウェールズのナショナリズムにはきわめて文化的な側面が目立つ。ことに自分たちの言葉と音楽を守ろうとする意欲が強く、ケルト語の一派であるウェールズ語を話せる人々はウェールズ人の二割を占める。アイルランドとスコットランドでは、ゲール語(ケルト語の別の一派)を話せる人が一～二パーセントであることを考えると、ウェールズ人の努力が並大抵のものではないことが読み取られる。実際、ラジオとテレビの一部はウェールズ語で放送されているし(かつては二四時間中ウェールズ語で行われていたこともあったが、さすがにそれは無理だった)、学校ではウェールズ語の授業が行われている。また、道路標識が英語とウェールズ語の二ヶ国語で示されているところも多い。

ウェールズ人は雄弁で知られるが、その特徴を示す歌と詩と踊りの祭典がアイステッドヴォードである。これは英語の sitting にあたるウェールズ語で、「集会」あるいは「祭典」くらいの意味になるようだ。毎年ウェールズの各地で一〇〇を超える大小のアイステッドヴォードが催される。そのうち最大の催しが「全ウェールズ・アイステッドヴォード」である。八月の第一週に一週間にわたって開かれる。開催場所は毎年変わり、一年前に予告される。お祭り騒ぎの場でもあるが、基本的には詩、音楽、歌、美術、工芸品などを競いあう場である。とくに、最も優れたウェールズ語の詩を書いた詩人には、祭典委員長が古代ケルト人の宗教を司ったドゥルイド僧の衣装をまとって現われ、栄誉の椅子を与える。現在では、外国人も独自の歌や踊りで参加する国際アイステッドヴォードが毎年ランゴレンで催されている。

アイルランドの悲しい歴史

アイルランドとイングランドの確執は古く複雑なので、ここではごくあらすじだけを押さえることにしたい。

アイルランドに移住し定住したケルト人たちは、五世紀に聖パトリックの布教によりキリスト教に改宗したが、その後も彼らの生活様式は変わらなかった。自分たちでは都市を作らず（ダブリンなどの都市は八世紀に侵入してきたヴァイキングが建てた）、牧畜と農業にいそしんでいた。スコットランドと同じくクラン（氏族）に別れて暮らし、小王国が分立していた。

これら小王国の対立・抗争に乗じて、一一七一年、イングランド王ヘンリー二世は軍を率いてアイルランドに渡るものの、完全な征服には至らないまま帰国し、その後のさらなる征服と支配は、臣下であるノルマン系の貴族たちに任せる。けれど彼らはアイルランド人と結婚するなどして次第にアイルランド人と同化していく。そのため、イングランドの実質的支配はダブリン市の周辺にとどまった。

一四世紀には、スコットランド人が例のバノックバーンの戦いに勝利して以来、北部のアルスターに侵入し植民するが、イングランドはこの時期は介入してこなかった（フランスとの百年戦争に没頭し、その余裕がなかった）。

情況はテューダー朝になると一変する。ヘンリー七世および八世はアイルランドの再征服に乗り出し、社会制度、とくに教会をイングランドと同じ国教会に変えようとして、強い反発を受ける。

次のエリザベス女王は、カトリックの強国であるスペインが、同じカトリックのアイルランドを利用してイングランドに侵攻してくるのを恐れた。実際二度にわたってスペイン軍はアイルランドに上陸し、アイルランドをイギリス攻略の基地にしようとする。そこで女王はアイルランドにイングランド人の植民を送り込み、アイルランドのイングランド化を図った。同時にスコットランドからも移民が続々入植したので、アイルランドにもプロテスタントの拠点ができることになった。

一七世紀の半ば、王党派と議会派が戦ったイギリスの内乱時代に、アイルランドは王党派を支持する。その結果、議会派の勝利の後、アイルランド派遣軍の総司令官クロムウェルに徹底的な弾圧を受ける。ことに、一六四九年、ドローエダではクロムウェル軍は城砦《じょうさい》を守る守備隊をすべて殺した後、市街になだれ込んで殺戮《さつりく》を始めた。そのため「非武装の一般市民の多くも死を免れず、婦人も子供も殺された。このとき殺された人の数は、約二〇〇〇から五〇〇〇人のあいだと言われている」（小野修『アイルランド紛争』）。「ドローエダの虐殺」と同様のことはウェクスフォードでも繰り返された。アイルランド人はクロムウェルから受けたすさまじい弾圧を未だに忘れていない。

その後一八世紀は比較的平和裡《へいわり》に過ぎたが、世紀末になると、カトリックのフランス人を率いるナポレオンが、アイルランドに上陸してイギリスを攻略する恐れが出てくる。これを避けるため結局一八〇一年にイギリスはアイルランドを併合する。その後一九世紀を通じてアイルランドには独立または自治を求めるもろもろの運動が続くが、最終的にはどれも成功しない。

アイルランドがやっと独立したのは第一次大戦後の一九二一年だった（この年にイギリス・アイルランド条約の締結。その批准と憲法制定は翌二二年）。けれど、アイルランドの北部アルスター地方はプロテスタントが多かったので、アイルランド自由国（現在のアイルランド共和国）には入らず、連合王国にとどまる（このときから、イギリスの現在の正式名称「グレート・ブリテンおよび北アイルランド連合王国」が始まる）。ここにいわゆる北アイルランド問題の根が残る。

北アイルランドにおいて少数派のカトリックは様々に人権を制限されていたが、一九六八年に公民権を求める運動を起こす。かねて全アイルランドの統一を求め武力闘争を辞さなかったＩＲＡ（アイルランド共和国軍）がこの公民権運動に絡み、さらにはプロテスタント側の武装組織も絡んで問題は紛争化する。北アイルランドとイングランドではテロ事件が続発し、一時は情況が悪くなる一方にみえたが、現在ようやくおさまりかけている。

一般に北アイルランド問題はプロテスタントとカトリックの対立と捉《とら》えられることが多い。けれど、今までざっとみてきたように、イングランドが最初の植民地としてアイルランドを利用し、勝手な政策を押しつけてきたところに真の原因はある。つまり、イングランドの利害に基づくご都合主義から、アイルランドでは宗教その他の対立が芽生えた、と考えるべきだろう。

連合王国の愛憎関係

要するに、アイルランド問題は本質的には宗教の問題ではなく、植民地主義という歴史の問題である。そして、程度の違いこそあれ、これはスコットランドとウェールズにも当てはまる。

「連合王国」は連合と言いながら、実はイングランドによるほとんど強制的な併合だった。したがって、イギリス人といっても、その中に征服者（支配者）と被征服者がいるかぎり（あるいはその意識が残るかぎり）、互いに憎しみあう関係になっても少しもおかしくない。

実際イングランドの人々は往々、周辺のケルト的野蛮人を教化し文明化するというような認識を抱いて、他の地域の人々と接してきた。たとえばウェールズ人に対し、無知蒙昧《もうまい》の印であるウェールズ語を忘れさせ、文明的な英語を学ばせるという態度をとったことさえある。これでは同胞としての好ましい関係が生まれるはずがない。

しかしながら、イングランドの人々も、大英帝国の喪失などとも相まって、歴史から多くを学習し始めている。その表われの一つが、地方分権化の流れである。スコットランド、ウェールズ、北アイルランドにそれぞれ議会を認めて、地方のことは地方に任せる方向に動いている。

一方では連合の歴史もすでに相当古くなっているので、当初の対立が未だに残っていると同時に、隣人としての親しさが生まれる場合も少なくない。あるいは相互に移住を繰り返すうちに、宗教や民族の違いを意識しないようになることも多い。イングランドの人々のゲルマン的な謹厳実直さ・実務能力と他の三地方のケルト的な快活さ・芸術的感性がまじりあって（場合によっては結婚という形をとることも当然ある）、相互に悪口を言いながら実は相手を信頼するようになるという事態も生まれる。つまり多文化が共生すれば、社会全体が質的に豊かになるという良さを認めあうことが可能になってくる。

結局のところ、ほとんど憎しみから始まった関係が、少なくとも愛憎のまじりあった関係に進み、最終的に全くの友好関係に変わるのも時間の問題ではないだろうか？　ただし、それは当初の加害者が反省した場合にかぎられる。

いずれにしても、彼らは互いに外国人であると同時に隣人でもあったので、今は調和的な関係を模索中なのである。

第三章　茶の木がないのに紅茶の国？

茶の起源

紅茶と聞けばだれしもイギリスを思い浮かべる。それほど、紅茶とイギリスの結びつきは強く、今日ではだれもこれを当たり前のことと思っている。けれど、考えてみると、これほど不思議なことはない。

もともと茶の木は、イギリスにはなかった。イギリスだけでなく、ヨーロッパのどこにもなかった。昔、昔、その昔、中国の神話時代に炎帝神農という人（あるいは神か仙人）が茶を発見したと言われている。小川で水を汲《く》み、飲むために煮沸している間に、近くの木から葉っぱが落ちて釜《かま》に入った。その水が煮え立つと、香りも味もよかったことから茶の木が発見されたという（斎藤禎『紅茶読本』）。これはあくまで神話あるいは伝説ではあるが、中国で茶が飲まれ始めたのがずいぶん古いことを語っている。実際に茶のことが初めて中国の書物に出てくるのは紀元後三世紀。飲茶の始まりは、書物に記されるよりかなり前のはずだから、紀元前だったかもしれない。

その後茶を飲む習慣は、長い年月をかけてアジア諸国に広がっていった。記録に従えば、日本には八世紀に遣唐使が持ち帰ったらしい。ただ、書物の中で製法、飲み方、効用など、茶が本格的に論じられるのは、栄西《えいさい》（臨済宗の開祖）が『喫茶養生記』を書いた一二一一年まで待たねばならない。

それでもヨーロッパと比べたらかなり古い。ヨーロッパに初めて茶が持ち込まれたのは、たかだか四〇〇年前、一七世紀のことだった。そのうえ、初めて茶を取り入れたヨーロッパの国はイギリスではなく、オランダだった。オランダの東インド会社が一六〇九年平戸に来航して日本の茶を仕入れ、それを翌年自国に持ち込んだ。一六三〇年代になるとオランダからヨーロッパ各国に茶が運ばれているので、そのころイギリスにも入ってきたと推測できる。もっとも、トーマス・ギャラウェイの始めた「ギャラウェイ」というコーヒーハウスが茶を販売し飲ませた一六五七年を、イギリスに初めて茶がもたらされた年という説もある。イギリス初の茶が日本のものであれ中国のものであれ、そのころヨーロッパに輸出された茶は紅茶ではなく緑茶だった。

イギリス人は何を飲んでいたか?

では、どうして茶が、とくに緑茶ではなく紅茶がイギリスの国民的な飲み物となったのだろう?

一番大きな理由は、茶が入ってくるまでイギリスに、というよりヨーロッパ全体に、ろくな飲み物がなかったことだろう。ただし、アルコール飲料は別である。何しろ、ヨーロッパの各地では古くからワインが作り出され、愛好されていた。もっとも、イギリスにかぎればこれは輸入品だったので、かなり高価であり、庶民にはめったに手が出なかったはずだ。けれど、イギリスでも、支配階級はヨーロッパのワインを飲んだし、ビールなら庶民にも親しまれていた。要するに、一七世紀の初めまで、ヨーロッパでは日常的にアルコールを飲んでいたのである。これは、アルコールの種類こそ多少違え、貴賤《きせん》を問わなかった。男女も関係なかった。宮廷に仕える貴婦人たちは、ワインやスピリット(ブランディ、ウィスキー、ジンといった蒸留酒)で渇きを癒したし、野で働く女性たちも安いアルコールを飲んだ。それどころか、子供さえアルコールを飲むのが普通だった。

アルコールを含まない飲み物、清涼飲料がヨーロッパに全然なかったわけではない。けれど、それは、概してまずくて危険な水か、ホウェイ（乳漿《にゅうしょう》または乳清）と呼ばれる腐りやすいものくらいだった。後者は、牛乳からチーズを作るときにできる搾りかすのようなものだから、いかにまずかったか想像がつく。

要するに、当時のヨーロッパは文明が遅れていた。何も飲み物にかぎらず、一般的にそうだった。たとえば、いわゆる「ルネッサンスの三大発明」（印刷術、羅針盤、火薬）がヨーロッパの文明を飛躍的に高めたと言われるが、三つとも本当の意味の発明には程遠かった。アジア、アラブにはそんなものはずいぶん前から存在していたからである。世界の先進地域に追いつくために、ヨーロッパ人が何世紀も遅れて模倣した文明の利器が「三大発明」だった。そうして得られた航海術を使って、世界の優れもの（たとえば香辛料、絹織物、茶などの飲み物）をヨーロッパに取り入れようとしたのがいわゆる「大航海時代」である。それはヨーロッパの後進性の裏返しにほかならない。

こういう情況の中に東洋のすばらしい飲み物、茶が入って来たのだから、それはさながら乾いた砂地に水がしみこむようにイギリス人の間に浸透していった。もっとも、この輪入品を受け入れるべきかどうかについては、一〇〇年以上にわたって論争が続いた。最初は茶が薬か毒かをめぐる論争だった。やがて、労働者階級までが茶を好むようになったとき、貧民に贅沢《ぜいたく》な消費をさせてますます貧困に追い込む、社会的に有害な飲み物でないかどうかが議論された。けれど、そういう論争とはほとんど関係なく、茶は人々の間に着実に定着していった。

しかしながら、当時ヨーロッパに入ってきた飲み物は茶だけではなかった。コーヒーがアラビアから、チョコレート（ココア）がアメリカ大陸から続々とヨーロッパに入ってきた。その中で、なぜ、コーヒーやココアではなく、茶がイギリスでもてはやされたのだろう？

これについては、いろいろな説がある。たとえば、コーヒーとココアについては、イギリスは国際競争に敗れたものの、中国との茶の交易権はオランダから奪うことに成功したからと説明する人がいる。あるいは、イギリスの水が紅茶によく合っていたからという意見もある。これらは当たらずとはいえ遠からずではあるだろうが、筆者には決定的な理由とは思えない。

筆者の考えるところ、茶の強みは、女性に支持されたことにある。以下に、できるだけ簡単にこのことを説明したい。

紅茶文化は女性が支える

一七世紀に茶がイギリスに入ってきたとき、最初に飲んだ場所、言わば茶の拠点は二つあった。コーヒーハウスと宮廷である。

コーヒーハウスは、茶の普及に大きく貢献したものの、一つ欠点があった。原則的に女性が入店できなかったことである（例外は娼婦《しょうふ》）。そこに集う男性は、コーヒーや茶を飲みながら、男性同士の社交を楽しんだり、有用な情報を交換したりした。コーヒーハウスは単なる喫茶店ではなく、重要なコミュニケーションの場でもあったのだ。けれど、一七世紀から一八世紀にかけては、一方で、排他的な紳士のクラブができ始め、他方で他の情報手段（たとえば新聞・雑誌）が発達するので、やがてコーヒーハウスは消滅してしまう。茶というものの存在を天下に知らしめた点ではコーヒーハウスの果たした役割は大きいとはいえ、国民的な飲み物にまで押し上げたものはコーヒーハウスではない。

もう一方の拠点、宮廷で茶が飲まれるようになる事情については、やや詳しく述べてみたい。

イギリス人の日常生活に大きな変化をもたらすことになる茶が宮廷に入ってきたのは、一六六二年のことだった。その二年前、王政復古により国王の座についていたチャールズ二世は、当時オランダと並んで非ヨーロッパ世界との貿易で覇を競っていたポルトガルから、王の娘キャサリン・オブ・ブラガンザを后《きさき》に迎える。后は、五〇万ポンドの持参金とともに、茶と砂糖、中国の陶磁器や日本の漆器、工芸品などを持ち込んだ。ただ茶だけでなく、飲茶を演出する様々な小道具も、当時のイギリスはいうに及ばず、ヨーロッパ人には作ることが叶《かな》わず、なかなか得がたかった。こういう東洋の薫り高い憧れの文明の品は、ヨーロッパ人のコンプレックスを大いにくすぐった。ヨーロッパ人が足元にも寄りつけないような美しく優雅な茶器・茶道具に囲まれて王妃が茶を飲む姿は、宮廷に仕える高貴な女性たちをたちまち魅了する。

この宮廷婦人の中から、紅茶を飲む習慣が始まった。だが、彼女たちの茶の飲み方は今とは多少異なった。現在のイギリスでは、茶をソーサー（受け皿）にこぼして飲むことも、飲むときに茶をすすって音を立てることも下品とされている。しかし、一七世紀の上流婦人たちはこの二つとも実行していた。それには理由があった。

当時は茶のカップと言っても、ヨーロッパにはろくなものがなかったから、上流の婦人たちは輸入した中国製を使っていた。中国製のカップは小さく、そのうえ取っ手がないので、カップを持ち続けるのは熱くて大変だったことと思われる。そのため、多少とも茶を冷まして飲みやすくするために、貴婦人たちは茶をソーサーにこぼしたのだった。

音を立ててすするほうは、日本の茶の湯の猿まねだったらしい。茶の湯では、立ててもらったお茶がとてもおいしいことを表わすために、最後の一滴まですすろうとして、結果的に音を立てることが多い。一七世紀イギリスの上流婦人たちは、日本文化の香り、この場合は音を模倣して、紅茶をソーサーから飲むときに、今なら下品とされている音を高らかに立てたという（角山栄『茶の世界史』）。まさに噴飯ものだが、それは日本文化に対するコンプレックスの表われ以外の何物でもなかった。

紅茶が家庭に入る

さて、宮廷から始まった女性の飲茶の習慣は、やがて階級の壁を越えて国内に大きく広がる。イギリス人の特徴の一つとしてスノバリー（俗物性と訳されることが多い。上の階級の習慣に憧れ、そのまねをする傾向）が強いとよく言われる。上流階級の流行は、たいてい中流の人々に伝わってまねされる。さらにそれを貧しい人々がまねすることが多い。飲茶がまさにそうだった。一八世紀ともなると、広く中産階級に受け入れられ、やがては労働者階級にまで広がる。

それは茶が家庭の中に入り込むことを意味した。その点で、コーヒーハウスのように限定された空間で飲む行為とは違い、はるかに多くの人々が参加することになるので、社会的、経済的影響は大きかった。

ことに、女性が中心になることによって、茶は単なる飲み物以上のものになったと筆者は考える。確かに当初は、ヨーロッパ人の知らなかった東洋の味にひかれたことに間違いないだろう。けれど、茶を囲んで家族が団欒《だんらん》し、友人同士が楽しくおしゃべりする場ができたことが大きな意味を持ち始める。当時女性が活躍する機会は極めてかぎられていたので、女性が中心になることが許される集い、あるいは女性だけが集まって語り合う社交は貴重だった。そこでは、茶は愛すべき飲み物であると同時に、女性同士のコミュニケーションをつむぐ道具にもなった。

アフタヌーン・ティーの始まり

一九世紀には、イギリスの紅茶文化の発展・継承に欠かせない出来事がいくつか起こったが、女性と紅茶の結びつきという観点から最も重要なものは、アフタヌーン・ティーの登場である。

そのきっかけを作った人物は第七代ベッドフォード公爵夫人アンナである。夫人が活躍した一九世紀の前半においては、貴族社会の食生活は、朝の食事が盛りだくさんだったので、昼食は軽くすませるのが普通だった。一方、晩餐《ばんさん》は、音楽会や観劇の後、大体夜の八時ころとされていた。その間、昼食から夕食まではかなり時間があいたから多少とも苦痛だったようだ。いかに貴婦人といっても、空腹からお腹が鳴るのは防げなかったらしい。

そこで公爵夫人は名案を思いつく。午後の三時ころから五時ころの間に、茶を飲みながらサンドイッチやケーキなどを食べることを始めたのだ。自分を訪ねてきた婦人たちを応接間に通し、お茶とティー・フードでもてなしたという。これは客たちにとっても、うれしい接待だったに違いない。

その後アフタヌーン・ティーは、貴婦人たちの間で習慣となり、女性の午後の社交の場として中産階級にも広まり始める。それは一九世紀半ばのことだった。この時代、中流以上の女性たちは、外で働くことはもってのほかと考えられていたため時間を持て余していた。そんな女性たちにとって、アフタヌーン・ティーは、単に渇きを癒してくれる飲み物というより、希有《けう》な社交の場としてありがたかったに違いない。イギリスで単にティーと言えばアフタヌーン・ティーを指すことが多いが、それほど広く国民に受け入れられ、イギリス的な習慣・文化と考えられているのである。

さて、このアフタヌーン・ティーは、大体、今日私たちがイギリス紅茶というときに思い浮かべるような形態をとっていた。つまり、たいていは緑茶ではなく紅茶を砂糖とミルクを入れて飲んだのである。では、紅茶に砂糖とミルクを入れて飲むのがどれだけイギリス的なものであるのか考えてみたい。

一八世紀の初頭には、イギリスによる茶の輸入は緑茶ではなく、ボヒー（ボヘア）が中心になっていた。ボヒーという呼び名は、茶の産地として有名な中国・福建省《ふっけんしょう》の武夷山《ぶいさん》に由来する。これは一種の紅茶なので、福建省の人々はイギリス人より早く紅茶を飲んでいたことになる（ついでながら、当時中国では紅茶は緑茶より質の劣るものとされていた）。

モンゴルやチベットでは、磚茶《たんちゃ》（粉砕した緑茶・紅茶を蒸してレンガのように圧縮したもの）を砕いて茶汁にし、ミルクや塩などを加えて飲んだ。したがって、この地域の人々のほうがイギリス人より早く茶にミルクを入れていたのだ。

イギリス人が始めたものは、紅茶に砂糖を入れることだった。したがって当然ながら、紅茶に砂糖とミルクの両方を入れて飲むこともイギリスから始まった。

ついでに、イギリス人は今でも緑茶に砂糖を入れて飲むことがある。これは私自身が三〇年ほど前に経験してびっくりしたことである。あるB&B（ベッド・アンド・ブレックファスト。大雑把に言えば日本の民宿に当たる）に泊まったとき、主人夫妻は私が日本人であると知って、愛想よく緑茶を出してくれた。おまけに、ミルクと砂糖まで用意して、どれだけ入れるかと真顔で聞いてきたのだった！

なお、角山栄氏は名著『茶の世界史』の中で、一九世紀の半ばに出版された雑誌『ファミリ・エコノミスト』に出ている「紅茶のよい入れ方」を紹介している。まずはじめにカップに砂糖とクリームを入れておき、その上からティーを注ぐのがよいとしているが、そのティーは緑茶と紅茶をブレンドするのが好まれていたそうである。紅茶・緑茶を問わず、イギリス人は砂糖とミルク（ないしクリーム）を入れて飲むのがほとんど第二の天性になっているらしい。

茶はイギリス人の心と体を癒す

今日でもアフタヌーン・ティーの習慣は一応続いてはいるが、かつてのように家庭に友人たちを招き、お茶を飲みながら歓談することはあまり多くない。イギリス女性の生活習慣が変化したからである。今は女性も働くことが多いので、家庭に他の女性を招いて語らうことはそう簡単にできないだろう。それでも、以前ほどではないにせよ、茶とともにサンドイッチやスコーンを食べながら楽しくおしゃべりする習慣は、細々ながら続いている。

ただ、場は家庭から街の中の茶の店、あるいは、時に贅沢に高級ホテルに変わっていることが多い。けれど、アフタヌーン・ティーが主として女性の社交の場であることに変わりはない。

このように女性に支持されたおかげで、茶はイギリス人の生活の中でも中心的な位置を占めるようになった。単に消費文化の一隅にあるのではなく、人々の交流を可能にし、ひいては心の安定剤の役割さえ果たしている。何かことのあるときはまず一杯お茶を飲んで心を落ち着かせ、それから対処する。無事ことが終わったときは、あるいは終わらないときも、とりあえずまた茶を飲む。まさにイギリス人の生活を支える大切な要になっている。東洋のありふれた植物が、遠く離れたイギリスの人々の心と体を支えるとは、私たちは普段意識こそしないものの、思えば数奇な運命に操られたと言うべきだろう。

顧みて、日本では茶はどんな働きをしているだろうか。もちろん茶（主として緑茶）が日本人にとっても日常的に重要な役割を果たしていることは間違いない。渇きを癒すという意味でも、精神的な安定をもたらすという意味でも。ただ、日本には一方で茶道という高尚な文化がある。誇るべき文化ではあるのだが、これが一般には、私たちの日常生活とあまりに離れすぎていないだろうか。せっかくの高い文化なのだから、かぎられた数の人々だけでなく、もっと広く日本人に愛されるものになってほしい。もちろん茶道を知らぬ素人にも責任はあるだろうが、茶人たちのほうも、今の敷居の高さを取り払う努力が必要ではないだろうか。

現代の紅茶事情

アフタヌーン・ティーの習慣が定着しかけていた一九世紀の前半は、一方で茶の安定的な供給が危ぶまれていた時期でもあった。もともと一八世紀の後半くらいまでは、イギリス人が熱心に茶を求めても、中国のほうではイギリスあるいはヨーロッパから買いたいものはほとんど何もなく、典型的な片貿易だった。そこでイギリスは、植民地のインドからアヘンを無理に中国に持ち込み、貿易の帳尻を合わせようとした。その結果がアヘン戦争である。戦後も中国とイギリスの関係はギクシャクしたままで、茶の供給は危機に瀕していた。

そのとき、スコットランド人のロバート・ブルースがインド北東部のアッサムで茶の木を「発見」した。やがてイギリス人は安いインド植民地の労働力を利用して、正確には搾取して、自ら茶の生産を始める。そこに帝国主義の問題、つまり搾取する側とされる側の歪《ゆが》んだ関係が生じたわけだが、これは未だに解決していない（比較的最近の「フェア・トレード」の運動は、歪んだ関係を是正しようとする一つの動きと言える）。そのような深刻な問題を抱えてはいるが、アッサム茶の発見がなかったら、イギリスの紅茶文化は間もなく命運を絶たれていたかもしれない。その意味で、イギリス人にとってまさに世紀の大発見と言うべきだろう。

最後に、ごく最近イギリスの紅茶の世界に起こった、一つの興味深い変化に触れてみたい。茶の木がイギリスでも、それも植物園以外でも栽培され、茶が国内でも生産されるようになったことである。中国、日本やインドとは気候の違うイギリスでは、栽培は難しいと長年考えられてきた。ところがイギリスの南西部コーンウォールのトルロの郊外にあるトレゴスナン・エステートという農園が、二〇世紀の終わりに栽培を始め、二一世紀になって茶を生産することに成功した。今では、その農園の名をとってトレゴスナン・ティーと呼ばれる茶が商品として売り出され、有名なロンドンの名店フォートナム・アンド・メーソンなどで手に入れることができる。

今後イギリス産の茶が大量に生産されて、イギリス人の生活に変化をもたらすような世紀の大事業になるのかどうか、それは時を待たねば分からない。ただ、若者を中心に飲み物が多様化し、多少とも茶離れの傾向がある現在、これが革命的な変革を起こすことはないのではないか、筆者は個人的にそう考えている。

ともあれ、イギリスはもはや茶樹のない国とは言えなくなった。

第四章　パブリック・スクールはだれのため？

イートン校の運動場に立つ

イギリスには珍しい暑い夏のことだった。ケンブリッジ大学の一隅でイギリス文化のサマー・スクールを受講していた私たち参加者は、ある週末の一日、気楽なバス旅行に出かけた。イートン校の運動場に着いたとき、訳知りのノルウェー人が流暢《りゅうちょう》な英語で突然叫んだ。「私たちは今、あの有名なワーテルローの戦場に立っているのですね!」

私には一瞬何のことか分からなかった。ワーテルローはベルギーの村だから、今いるロンドン郊外とは一体どんな関係があるのだろう? しばらく考えた後、ようやく私は、ウエリントン将軍が述べたと一般に思われている有名な言葉を思い出した。「ワーテルローの戦いはイートン校の運動場で勝ち取られた」(*The Oxford Dictionary of Quotations*)。一般にこの言葉は、イギリス軍がナポレオンを破ることができたのは、イートン校をはじめとする、パブリック・スクールで鍛えられたイギリス紳士の肉体と精神の賜物である、という意味に受け取られている。

この言葉には後で立ち返ることにしたいが、そのとき私は確かにイートン校に来て、堂々たる校舎と広大な運動場に見とれていた。

イートンは、一説によると、世界で最もよく知られた中等学校だという。なるほど、多くの外国からはるばる王子たちが留学しに来たし、記憶に新しいところでは、イギリスの現皇太子チャールズと故・元皇太子妃ダイアナの間の二人の息子たち、ウィリアムとヘンリーもここで学んだ。世界で最も有名かどうかはともかく、イートンがパブリック・スクールであることは周知の事実だろう。けれど、パブリック・スクールの教育がナポレオンを打ち破るような健全な精神と健康な肉体を作り上げたかどうかについては、見方が分かれる。このことにかぎらず、実際、パブリック・スクールの功罪ほど、論じる人によって評価の異なるものは少ない。

パブリック・スクールとはどんな学校?

イギリスの学校制度は日本と大きく違う。ここでは、パブリック・スクールを理解するに必要なことのみにかぎって簡単な説明をしておきたい。学校教育は日本でもイギリスでも初等教育、中等教育、高等教育に分けることが可能だが、イギリスでは学校はこの教育の段階にあまり対応していない。公の教育制度が出てくるよりはるか前に、学校が自然発生的に生まれたからだ。とくに私立学校については一般論を述べることが非常に難しい。それでも大雑把には、パブリック・スクールは主に中等教育に当たる部分を引き受けていると言える。ただし、学校によっては初等教育の最後の段階から始めるところもある。結果的に、パブリック・スクールに在籍する期間も、学校によって（あるいは生徒の事情によって）まちまちである。また、パブリック・スクールは（一般にイギリスの中等教育を担当する公立の学校も）、日本なら大学で行うような教育内容も一部施している。なお、これらは現在のパブリック・スクールについて当てはまる事柄である。

さて、そもそもパブリック・スクールとはどのような学校を指すか、それ自体が必ずしも明確ではない。もともと法律ではっきり規定された学校ではないし、正式に校名としてパブリック・スクールと銘打っている学校は一つもない。たとえば、イートンの正式名はイートン・コレッジ（もちろんこのコレッジは「大学」の意味ではない）。だが、すべてのパブリック・スクールがコレッジと称しているわけではない。もう一つ有名な学校を挙げれば、ラグビー校はラグビー・スクールである。

一般的なイメージで言えば、パブリック・スクールは授業料の高い有名な私立学校ということになるだろうか。つまり、金持ちの子弟が行く学校と思われている。しかし、このイメージも、今は間違いではないが、歴史的には決してそうではなかった。むしろ反対に、貧しい人々のための学校だった。

何もパブリック・スクールにかぎらず、学校自体が貧しい人々のために開かれた組織だった。少なくとも、最初のパブリック・スクールが生まれた一四世紀の終わりころ、学校は貧しい人々のために設けられていた。支配階級に属する者はたいてい学校などには行かなかった。行く必要など初めからなかったのだ。彼らには学問など無用だったし、自宅あるいは親戚の家で、高い身分にふさわしいマナーと武術を学ぶのが常だった。大雑把に言えば、貧しいけれど才能のある子供たちが読み書きを学び、ラテン語の文法（グラマー）をはじめとして学問を身につける場、それが学校だったのである。だから当時の中等教育に当たる学校は「グラマー・スクール」と呼ばれていた。大部分は教会に付属する施設として設けられ、貧しい子供たちが学問によって教会や俗世で出世できるよう、手助けする役割を担っていた。

最初のパブリック・スクールと目されるウィンチェスター・コレッジ（一三八二年創立）も似たようなものだった。従来のグラマー・スクールとは違って、教会の付属機関ではなく、独立した組織だった。ウィンチェスターの司教だったウィリアム・オブ・ウィッカムが、個人として寄付した財産に基づいて経営されていたのである。けれど、教育の対象が貧しい子供たちだった点では、グラマー・スクールと全く同じだった。

そのことは設立の趣意書に明記されていた。生徒は貧しい七〇人のスコラーと一〇人以内のコモナーから成る、と規定されていたのである。スコラーとは、生活の全般と教育を学校の基金に頼る貧しい生徒のことだった。一方、コモナーは、自分で授業料を払って教育を受ける豊かな家族の子弟を指した。両者の比が七対一以下だったのだから、まぎれもなく、貧しい子供たちのための学校だった。

パブリック・スクールの変質

しかしながら、たった一〇人以下のコモナーの存在が曲者《くせもの》だった。現代とは違ってインフレの進行はゆるやかではあったが、それでも、時代が進むと学校経営は創立者の残した基金だけでは難しくなっていった。そういう情況の中で学校のとった方策は、授業料を払ってくれるコモナーの数を増やすことだった。やがてコモナーがスコラーの数を上回るようになる。

ウィンチェスター校のあとを受けて、一四四〇年にはヘンリー六世の寄付によりイートン校が創建された。さらにその後およそ二〇〇年間にわたり、現在に至るまでよく知られているパブリック・スクールが続々と誕生した（たとえばハロー校、ラグビー校）。そういう学校はいずれも、基本的にはウィンチェスターと同じ経営方針を採って、コモナーの数を増やす。

ここまでパブリック・スクールという名を使ってきたが、実のところ、この呼称は後に、つまり一八世紀になって、初めて使われ出したにすぎない。授業料を払ってくれる貴族など富裕層の子弟を数多く入学させて生き残った学校のことを、そのころになって、グレート・スクールないしパブリック・スクールと呼び始めたのである。

パブリック・スクールもグラマー・スクールには違いないのに、なぜこういう一群の学校をパブリック・スクールと呼ぶようになったのだろう？「パブリック」の意味については、いろいろな説明があるが定説はない。中世の貴族のように子弟を私的に訓練したのとは違って、広く社会全般から（つまりパブリックに）生徒を集めたからと考える人々がいる。私立校ではあっても、学校の経営と運営が恣意的《しいてき》ではなく、委員会の方針に基づいていたからという人もいる。その理由はどうあれ、れっきとした私立学校であったし、今もその点は変わらない。

けれど、今のパブリック・スクールと大きく違う点があった。現在ではパブリック・スクールは品行方正な生徒たちの通う学校と思われているし、全体としてその通りだろう。また、教育内容の点でも概して評価が高い。だが一八世紀末から一九世紀はじめの情況はむしろ正反対だった。「暴力教室」が横行していたのだ。

まず校長による暴力として鞭打ち《むちう》があった。ことあるごとに、否、何もなくても、生徒を鞭打つ校長がいた。たとえば、一九世紀の初頭に二五年の長い年月にわたってイートンの校長を務めたキートは、フロッガー（「鞭名人」とでも訳せばよいだろうか）と呼ばれるほど、鞭を使った。今日の目でみれば、自己の性的倒錯を満足させるために鞭打ちに励んだようにすら思える。その腹いせとでも言おうか、年長の生徒は年少の生徒に暴力を振るった。そのうえ、生徒の学校に対する反抗として集団的暴力があった。時に校長室が乗っ取られ、荒らされたりしたのだ。現代日本にもある荒れた学級、あるいは学校と大同小異だったのである（Jonathan Gathorne-Hardy, *The Public School Phenomenon, 597–1977*）。

こんな状態の中で、生徒たちの間には同性愛が広がっていた。さらに「女遊び」も盛んだった。大体は町の娼婦が相手だったようだ。

要するに、学校は規律が乱れていた。それどころか、無秩序が支配していたとさえ言える。「パブリック・スクールはあらゆる悪徳と不道徳の温床である」とまで言われる情況だったのだ（ヘンリー・フィールディング『ジョウゼフ・アンドルーズ』著者訳）。

パブリック・スクールの改革

こんな事態の中、改革を求める声がパブリック・スクールの外部から生まれてきた。内部からも反省と改革の機運が盛り上がる。一九世紀の前半には、学校の浄化と改革に努める校長が何人か出てくる。その中で最も有名で、最も成功したのがラグビー校のトマス・アーノルドである。

アーノルドこそ現代のパブリック・スクールを作り上げた人物であるとよく言われるが、実のところ、アーノルド自身が始めた制度的な改革はほとんどない。むしろ旧来の制度に新たな息吹を吹き込んだことが功績だろう。

その中で最も重要な項目を二つ挙げるとすれば、一つは学校の構成員相互が抱いていた不信の念を信頼に変えたことである。これは教員同士、教員と生徒の間の両方にわたっていた。とくに、生徒を信頼し（正確には「信頼するジェスチャーを示し」と言うべきだろう）、生徒の言葉を信じるとともに、上級生に教員の権限の一部を任せて生徒自身による規律を図ったことが大きい。

当時、子供はまだ理性が十分に発達していないから、善悪の区別がよく理解できず邪悪に走りやすいと考えられていた。だから、鞭を使うことを恐れず厳しくしつけるのは当然だった。このことを端的に語るのが「鞭を惜しんで子供をだめにするがよい」という言葉だろう（著者訳）。これは直接的にはサミュエル・バトラーという作家が『ヒューディブラス』という諷刺詩《ふうしし》（一六六二年）の中で使った言葉だが、ヴィクトリア朝時代の子供観を適切に表わしているからか、ほとんど諺《ことわざ》のように人口に膾炙《かいしゃ》していた。しかもアーノルド自身、基本的には同じ考えであったにもかかわらず、あえて生徒を信じる（あるいは、信じる振りをする）ことから、学内の規律と秩序を実現したのだった。

もう一つの功績は、ラグビー校の最大の教育目的として、キリスト教的紳士を作り出すことを目指した点にある。

これはアーノルドが校長に就任した当時（一八二八年）の社会情勢と関係があった。中産階級と労働者階級は一八世紀末以来、社会のあり方に不満を抱き、広範で急激な改革を求めていた。一八三〇年ころになると不満はほとんど沸騰点に達しかけ、イギリスの各地で、小規模ながら暴動と言ってよいような動きが続発する。支配階級は、イギリスでも「フランス革命」（と同じ過激な社会変動）がいつ起こるかと戦々恐々としていた。彼らはその原因を大衆の無知にあると考えたが、アーノルドは違っていた。こういう情況をもたらしたものは、支配層が社会的、道徳的責任を果たしていないことにあるとみたのだ。そのうえで、言わば処方箋《しょほうせん》として、キリスト教倫理に基づきノブレス・オブリージュ（高い身分・地位に伴う義務・責任）を果たす紳士を作り出すことこそ、パブリック・スクールの使命と考えたのである。

そのための手段として、アーノルドは団体スポーツを奨励したと一般的に思われている。けれど、これは事実ではない。アーノルドはスポーツに敵意こそ持たなかったが、とくに重視することはなかった。英語の文献でドクター・アーノルドと表記されることが多いのは、アーノルドが神学博士であったからだ。アーノルドは神学博士にふさわしく、あくまでも礼拝堂における説教を通じて、キリスト教的紳士を作り出そうと考えていた。

パブリック・スクールはなぜスポーツを重視するか?

しかしながら、アーノルド以後のパブリック・スクールとスポーツの関係は深い。およそ一九世紀の半ばから今日に至るまで、スポーツがパブリック・スクール教育の根底にあったことは否定できない。なぜこんなことになったのだろう?

それは、アーノルドの弟子たちが成し遂げたことだった。アーノルドから直接薫陶を受けた弟子たちは、各地でパブリック・スクールの教師になり、やがて校長になって、師の教えを生かし広める。けれど、そのとき彼らが重視したのは説教ではなく、団体スポーツだった。

筆者は、弟子たちの行ったことのほうがパブリック・スクールの情況に合っていたと思う。思春期にある男子だけが集団で生活する場では、前に述べたような性的な問題が生じるのはむしろ必然だった。そのエネルギーを昇華する手段として、スポーツは一定の役割を果たしたのではないだろうか（もっとも、スポーツが重視されるようになった後も、同性愛にからむ事件は決して消滅したわけではない）。

スポーツの中でも、個人競技ではなく団体競技が重視されたのは、それが好ましい人間を生み出すと考えられたからだった。団体競技に励めば、己の利害を省みず、自分の属する学寮（ハウス）、ひいては学校全体、さらには国家の利害を尊重する姿勢が作り出されるというのだ。これが事実かどうか、また、仮に事実としても、それが望ましいことだったかどうかは見方が分かれるだろう。けれど、そのような考え方が当時の情況に適していたことは明らかである。一九世紀の後半、パブリック・スクールの卒業生の多くは、大英帝国の各地に赴き、行政官として帝国の統治に携わった。任務を遂行するためには、肉体も精神も強靭《きようじん》でなければならなかった。

パブリック・スクールから生み出されるそのような人物群が、本章の冒頭で触れた、ナポレオンを破ったイギリスの紳士像と重なる。ただし、ワーテルローの戦いは一八一五年だったから、パブリック・スクールは堕落の真っ最中だった。例の言葉がウェリントンの発言かどうかはあやしいが、少なくとも一八一五年の発言であるとは到底信じられない。

一般に、心身ともにタフなイギリス紳士は好ましい人間と考えられている。けれど、肉体と精神のたくましさの他にも培うべき人間の資質は多くある。パブリック・スクールは、たとえば繊細な感受性や豊かな情緒、さらには美・音楽・文学に対する識別力などを植えつけるのを怠りがちだった。パブリック・スクールの目的が社会の指導者を養成することにあったにせよ、もし指導者が心身ともにたくましくても、他の多くの人間的な資質に無関心だったら、自国あるいは植民地の住民を幸せにすることができるだろうか？　イートンの運動場から生まれてくるような人間が、はたして理想の人物像であるのかどうか、大いに議論の余地がありそうだ。

パブリック・スクールは変わったか？

イギリスの小説家E・M・フォースターは一九二四年に『インドへの道』という小説を

発表した。この小説は、インド人とイギリス人の交流（あるいは交流の断絶）を取り上げることにより、インドにおけるイギリスの統治方法を批判している。もちろん論文ではないから社会学的、政治学的な分析ではなく、インド人に対するイギリス人の態度を通して、両者の間に意思の疎通が滞る様子を描いている。時代と場所を問わず、統治者と非統治者の間に葛藤が生じるのは当然かもしれないが、この小説に描かれた両者の関係は、イギリス人行政官の性格のためによけい悪化しているように見える。

では、フォースターはイギリス人の性格をどのように受け取っていたのだろう？　この問いに答える格好のエッセイ「イギリス人の性格に関する覚書」が『アビンジャー・ハーヴェスト』の巻頭を飾っている。フォースターによれば、一八世紀末以降、イギリス人（正確にはイングランドの人々）の性格は本質的に中産階級の性格であるという。そのうえ、イングランドの中核をなすものが中産階級であるのと同じく、中産階級の中核をなすものはパブリック・スクールであるというのだ。卒業生たちは学校で鍛えられた強健な肉体と精神だけを頼りに、指導者として社会に出ていく。彼らを待ち受けている世界の住民は多様で複雑であるのに、彼らが世界に出ていくとき、肉体はよく発達し、知性も相当に発達しているが、心は未発育のままである。海外でイギリス人たちが困難な目にあうのは、たいていこの未発育な心のためである。彼らの心は未発育である——けれど冷たいわけではない。

（著者訳）

パブリック・スクール出身者の評判が悪いのは、何も植民地だけでなく、本国においても時にあることではあった。能力は高くても、感情をあらわにすることは少なく、お高くとまり、冷たい人間と感じられることもよくあった。それはフォースター式に言えば、心が冷たいからではなく、未発育なためだったことになる。しかし、心が未発育であれば、外部の人から冷たいと思われるのはほとんど必然だったと思われる。

パブリック・スクールは少なくともアーノルド以来、人格形成を教育目的に掲げてきた。そのために寮生活と団体競技を重視したのだった。けれど、結果的にパブリック・スクールの生み出した人間は、社会から孤立しがちな偏った人間であることも多かった。

そういう点を考慮したからだろうか、今日のパブリック・スクールは、オールラウンドな人間を生み出そうと努力している。そのため、芸術など過去には切り捨てがちだった側面を多く取り入れている。同時に、前世紀の半ばまでなら、パブリック・スクールの卒業生というだけで高く評価されることが多かったのに、今日では、受験競争に備えて高度な学力も要求される。実際、全人教育を維持するために、学力とのバランスをどうとるべきか、パブリック・スクールの悩みは深い。

なお、第二章において、筆者は、スコットランドのパブリック・スクールはたいてい公立の学校を指すと述べた。「たいてい」と言ったのは、実際には、スコットランドにも本章で述べたようなパブリック・スクールが存在するからである。現に、ウィリアムおよびヘンリー両王子とは違って、その父親である皇太子チャールズ、さらにはその父親のエディンバラ公フィリップ、それに何人かの王室関係者は、スコットランドのパブリック・スクールであるゴードンスタン校（スパルタ式教育で有名）を出ている。

第五章　やがて恐ろしきナーサリー・ライム

だれの建てた家？

ある年の夏、私は背広を買おうとロンドンの町を歩いていた。といっても、仕立て屋の立ち並ぶあのサビル・ロウまで行って、一生物の高級服をあつらえる余裕などあるはずもなかった（サビル通りは、一説によると「背広」の語源だという）。目指していたのは、一応高級店ということになっているレディーメードの店である。そのとき、大きな垂れ幕に書いた大きな文字群が目に飛び込んできた。

「これはオースティン・リードの建てた家」

それを見たとき、私は思わず「うまい！」と小さな声を上げた。そして次の瞬間、「やはりそうなのだ」とつぶやいた。垂れ幕は、よく知られたナーサリー・ライム（今日のアメリカ人が好んで使う表現ではマザー・グース）のもじりだった。そのことは、イギリス人とは言わず、英語圏に住む人ならだれでもすぐ気づいたはずだ。

ナーサリー・ライムは、日本の童謡とは多少違うが、とりあえずイギリスの童謡だと言っておこう。垂れ幕は、「これはジャックの建てた家」という言葉で始まるナーサリー・

ライムの最初の一行を替えて、オースティン・リードという洋服屋が宣伝用に利用したものだった。元の唄《うた》をできるだけ直訳してみよう（以下のナーサリー・ライムはすべて著者訳である。原詩は一一〇―一一三頁を参照してほしい）。

これはジャックの建てた家。

これはジャックの建てた家に
おいてあったモルト。

これはジャックの建てた家に
おいてあったモルトを
平らげたねずみ。

これはジャックの建てた家に

おいてあったモルトを
平らげたねずみを
殺した猫。

これはジャックの建てた家に
おいてあったモルトを
平らげたねずみを
殺した猫を
くわえて振り回した犬。

これはジャックの建てた家に
おいてあったモルトを
平らげたねずみを
殺した猫を

くわえて振り回した犬を
ねじれた角で空に放り上げた牝牛《めうし》。

これはジャックの建てた家に
おいてあったモルトを
平らげたねずみを
殺した猫を
くわえて振り回した犬を
ねじれた角で空に放り上げた牝牛から
乳を搾ったみなしごの乙女。

(Iona and Peter Opie ed., *The Oxford Dictionary of Nursery Rhymes.* 原詩は一一〇頁)

もう少し続くのだが、原文の英語を関係代名詞のない日本語にこれ以上「直訳」しても意味が通るはずもないので、このくらいにしておこう。これは、前行に新しい言葉を次々に加えていくので、ナーサリー・ライムとしてもちょっと変わっている。「積み重ね唄」と呼ばれることもあるこの種の「唄」は、数多いナーサリー・ライムの中でも珍しく、全部で三、四篇あるくらいだろう。例の垂れ幕は、イギリス人ならだれでも知っているこの「唄」をもじったものだから、なかなか機智にあふれている。私はそう思って感心したのだった。実際に宣伝効果があったのだろうか？　その当時問い合わせなかったことが、今になって悔やまれる。

日本の童謡も時に大人の世界に登場することはあるけれど、ナーサリー・ライムはそれが多い、ということを筆者も知識としては知っていた。新聞にも利用されるし、本の題名や章題、あるいは映画の題名や筋立てなどにも使われる。けれど、ごく日常的な場面で目にするのはそのときが初めてだったので、私は「やはり今でも大人の世界に入り込んでいるのだ」と実感したのだった（なお、「これはジャックの建てた家」は各連の長さが違うから唄になりにくいし、実際、固有のメロディーはないだろう。ライムは、詩行ではあっても必ずしも唄ではないところが、「童謡」とのもう一つの違いである）。

水を汲みに小山に登る

ナーサリー・ライムの内容あるいは題材についても、童謡と多少違う面がある。子供を対象にしているから、面白く素朴なものが多いとはいえ、ナンセンスな唄がかなり目立つ。おまけに、よく読んでいるうちにわけの分からなくなるもの、あるいは恐ろしくなるものもある。そういう類のものは日本の童謡にもあるが、とりわけナーサリー・ライムには多い。さらに、非日常性がごくありふれた日常性と隣り合わせに存在することも多い。

たとえば、次の唄はイギリス人の間によく知られ、子供たちに愛されている点で一、二を争うが、一読しただけでは何の変哲もない他愛ない唄に思える。けれど、何度か読み直したら、ちょっと不可解な面があることに気づかないだろうか？

ジャックとジル、小さなお山へ
バケツいっぱい水汲みに
ジャックは転んで脳天こすり
ジルも後からすってんころり

ジャックは起き上がると
お家までわきめもふらず
ドブ母さん、頭にぺったり
お酢を染ませた油紙

そのときジルもご到着
ジャックの頭見て、にたにたり
母さんジルを膝に、お尻ぺたぺたり
人の不幸を笑うなんて

今度はジャックが笑いジルが泣く
ジルの涙はすぐ乾く
それ見てジャックが遊ぼうよ

門に渡したシーソーで

（前掲書を基本に夏目康子『マザーグースと絵本の世界』を参考にした。原詩は一一一頁）

この唄が人気のある理由はなんだろう？　残念ながら拙訳では伝わらないけれど、一つは軽快なリズムにある。筆者は大人のイギリス人がこの唄を歌わずに朗読するのを聴いたことがある。いかにも軽やかで楽しそうに読んでいた。楽器の伴奏もメロディーもいらない。言葉自体の中にリズムがあるから。これがライム（詩行）であることをあらためて思い知らされた。

内容にもなかなか魅力がある。元気でいたずらな子供たち。愛情豊かだが、叱《しか》るべきときには子供をしっかり叱る、いかにもイギリス人といったお母さん。そういう母と子の関係が彷彿《ほうふつ》として浮かび上がる。ありふれた、イギリス人家庭の原風景とも言える。

ただ、そのような日常性は、第二、三、四連には顕著にみられるものの、第一連はちょっと様相が違わないだろうか？　もう一度、第一連だけゆっくりと読んでほしい。何か不可解なところはないだろうか？　実は、この唄はもともと第一連しかなかった。後に第二連以下をだれかが付け加えたらしい。その結果、どこにでもある子供の遊びが前景に出てくることになった（それでも、ドブ母さんが魔女的であるなど、多少異界のにおいがしないでもない）。けれど、第一連には不審なことがある。何のために水を汲むのか？　それにもまして、水を汲むなら川に行けばよいのに、なぜ小山に登るのか？

子供たちはこの唄を歌うとき、そんな疑問には頓着《とんちやく》せず、ただ無邪気に歌うだけだろう。けれど、ふと、水を汲みに山に行くのは不自然、と感じることもあるに違いない。

この疑問には様々な人が様々に謎解きをしている。中には歴史的な事件と結びつける説、北欧伝説の連想から誘拐された子供を示唆しているとの説、あるいは古代の神秘的な儀式（たとえば人身御供《ひとみごくう》）であると説明する説などもある。ただ、どの説も推測にすぎず、真相は分からない。

それにもかかわらずこの唄が長く人気を保ってきたことを考えると、真相が不明である点にこそ、イギリス人たちは魅力を感じているのだと思わざるをえない。彼らは必ずしも万事に黒白をつけようとはせず、あいまいなものはあいまいなままで楽しもうとする傾向がある。同じヨーロッパ人といいながら、フランス人やドイツ人などと比べると、そういう態度が著しい。ヨーロッパは理性に基づく合理主義の世界であると言われるし、イギリスもその一角にあることは間違いないが、イギリス人の心性は他のヨーロッパ人とは一味違うように思われる。

ロンドン橋が落ちた

同様の例をもう一つ挙げてみたい。これも「ジャックとジル」に劣らず人気のある唄だが、これくらい謎の多い唄も少ないだろう。日本でもよく知られている「ロンドン橋」の最初の三連をまず読んでほしい。

ロンドン橋が落ちてしまった
　落ちた、落ちた
ロンドン橋が落ちてしまった
　麗しのお嬢様

木と土の橋を架けようか
　木と土の、木と土の
木と土の橋を架けようか
　麗しのお嬢様

木と土は洗い流される
　流される、流される
木と土は洗い流される
　麗しのお嬢様

(Jennifer Mulherin ed., *Popular Nursery Rhymes.* 原詩は一一二頁)

　ここまでにも分からないことが出てくる。ロンドン橋の落ちた原因はともかく、各連の最終行に現われる麗しのお嬢様（原文はMy fair Lady）とはいったいだれのことだろう？　それに、このレディーは落ちたロンドン橋とどうかかわるのだろう？　それが分からないのでは、この「マイ・フェア・レディー」というなんでもない言葉は訳しようもない。正直な話、「麗しのお嬢様」なんて、全くでたらめの「訳」にすぎない。

ご存知の方には説明するまでもないが、このあと唄は、橋が壊れないように、材料を何にするかについて、延々と続く。結局「銀と金」に落ち着くのだが、それでも心配が残る。最後の五連を引いてみよう。

　銀と金で架けようか
　　銀と金で、銀と金で
　銀と金で架けようか
　　麗しのお嬢様

　銀と金は盗まれる
　　盗まれる、盗まれる
　銀と金は盗まれる

麗しのお嬢様

寝ずの番を立てようか
一晩中、一晩中
寝ずの番を立てようか
麗しのお嬢様

寝ずの番は居眠りしないかな
居眠りを、居眠りを
寝ずの番は居眠りしないかな
麗しのお嬢様

夜もすがらふかすパイプをあげようか
夜もすがら、夜もすがら

夜もすがらふかすパイプをあげようか
　麗しのお嬢様

この最後の五連の歌詞は一見合理的にみえる。泥棒対策に寝ずの番をおき、居眠り対策としてタバコを切らせないようにすれば、なるほど効き目はあるだろう。もっともなようでいながら、前の部分と比べて妙に細部が詳しいし、何か大げさで、解せないところがある。それに、橋を長くもたせるための材料として、最後になぜ銀と金を選んだのだろう？　橋の材料としてはあまりに贅沢すぎる。私見だが、これは一晩中橋を守る番人を登場させるための口実に思える。そのうえ、最後の二連は、番人に非人道的なことをさせるのではないと、懸命に弁明しているようにも受け取れる。

以上は筆者の解釈だが、この見方が正しいと主張するつもりはない。問題は、正しいかどうかではなく、様々な解釈や推測を生むほど謎に満ちているという事実である。ナーサリー・ライムについての最高権威者であるオーピー夫妻でさえ、他の唄については根拠のない想像を戒める人であるのに、この唄は「過去の暗い恐ろしい儀式の記憶をとどめている」と述べている。そのうえで、橋が流れるのを防ぐために人柱を立てた、イギリスを含めたヨーロッパの事例をいくつも並べている（前掲書）。この唄はそのように非日常的な世界を連想させるほど、イギリス人の想像力を掻《か》き立《た》てる。また、この唄が子供の遊戯という極めて日常的な場で歌われることを考えると、日常性の中に非日常性が顔をのぞかせていることになる。

夏の日にスケート遊び

さて最後に、もう一つ唄を挙げてみる。子供たちのスケート事故を取り上げた唄だということ以外は説明を省いて、まずは読者の皆様に先入観を持たずに読んでいただきたい。

子供たちが三人、氷の上を滑っていた
　ある夏の日のこと
たまたま子供たちはみんな氷の穴に落ちてしまった
　残りの子供たちはみんな逃げ出した

さてこの子供たちが家にいたら
　あるいは乾いた地面を滑っていたら
百万に一つも
　子供たちはだれも溺《おぼ》れ死んだりしなかったはず

子供のいるお父さん、お母さん
　子供のいないお父さん、お母さん
子供たちを無事に外で遊ばせたかったら
　どうか子供たちを無事に家で遊ばせなさい

（オーピー夫妻の前掲書。原詩は一一三頁）

皆様はこの唄をお読みになって悲しかったでしょうか、それとも楽しかったでしょうか？　たまたま私の持っているテープでは、この唄は葬送曲と思われる悲哀に満ちた伴奏とともに、いかにも悲しげな声で朗読される。けれど、もし子供たちが聞いていたとすれば、終わるころには、朗読の声はおそらく子供たちの爆笑でかき消されているのではないだろうか？　言うまでもなく、内容が矛盾に満ち満ちているからである。

よけいな説明をすれば、初めにはてなと首をかしげるのは、最初の連の二行目だろう。夏の日にはたしてスケートができるのだろうか。四行目の「残りの子供たち」は、前の行でみんな氷の中に落ちたと言っているから、だれも残っていないはずだ。二連目の二行目に「乾いた地面を滑っていたら」とあるが、そんなところで氷滑りができるはずもない。次の行の「百万に一つも」とはなんと大げさな！　もっとも、地面の上で滑ったら、この確率は全くのゼロではないか？　最後の連の「子供のいないお父さん、お母さん」なんて、そんな親がいるものか。最後の二行については、「外で遊ばせ」ながら「家で遊ばせ」ることができるわけがない。

筆者がとくに注目したいのは、このナンセンスな唄が子供の死を扱っていることである。つまり、子供の遊びと子供の死を抱き合わせにしてふざけまわっている。いわゆるブラック・ユーモアの最たるものだ。この唄は、死という非日常性と遊びという日常性が隣同士に並んでいる。人々は、このような唄に子供のときから接していたら、死を生と連続するものと見るようになって、死期が近づいても落ち着いていられるかもしれない。そこまで行かないまでも、人間の生死に関して均衡の取れた見方に近づけるはずである。

昔は日本でも人の死が日常の場で起こった。今は病院などに隔離されて起こることが多い。イギリスでも事情は大同小異ではあろう。けれど、こんなふうに生と死が同居する、人を食った唄に普段から慣れ親しんでいたら、死をタブー視するような姿勢はある程度避けられないだろうか？

それはさておき、ナーサリー・ライムは楽しい。同時にそれは非日常性の世界が、ありふれた日常性の世界のすぐそばにあることを自然に伝えてくれる。そんな唄を愛するイギリス人は、一時代前の日本人と同じく、懐が深いというものである。

本章で引用したナーサリー・ライムの原詩は次頁以降に掲載する。

This is the house that Jack built.

This is the malt
That lay in the house that Jack built.

This is the rat,
That ate the malt
That lay in the house that Jack built.

（中略）

This is the farmer sowing his corn,
That kept the cock that crowed in the morn,
That waked the priest all shaven and shorn,
That married the man all tattered and torn,
That kissed the maiden all forlorn,
That milked the cow with the crumpled horn,
That tossed the dog,
That worried the cat,
That killed the rat,
That ate the malt
That lay in the house that Jack built.（最終連）

Jack and Jill went up the hill
　To fetch a pail of water;
Jack fell down and broke his crown,
　And Jill came tumbling after.

Up Jack got, and home did trot,
　As fast as he could caper,
To old Dame Dob, who patched his nob
　With vinegar and brown paper.

Then Jill came in, and she did grin,
　To see Jack's paper plaster;
Her mother whipt her, across her knee,
　For laughing at Jack's disaster.

Now Jack did laugh and Jill did cry,
　But her tears did soon abate;
Then Jill did say, that they should play
　At see-saw across the gate.

London Bridge has fallen down,
Fallen down, fallen down,
London Bridge has fallen down,
My fair Lady.

Build it up with wood and clay,
Wood and clay, wood and clay,
Build it up with wood and clay,
My fair Lady.

（中略）

Suppose the man should fall asleep,
Fall asleep, fall asleep,
Suppose the man should fall asleep?
My fair Lady.

Give him a pipe to smoke all night,
Smoke all night, smoke all night,
Give him a pipe to smoke all night,
My fair Lady.

Three children sliding on the ice,
　Upon a summer's day,
As it fell out, they all fell in,
　The rest they ran away.

Now had these children been at home,
　Or sliding on dry ground,
Ten thousand pounds to one penny
　They had not all been drowned.

You parents all that children have,
　And you that have got none,
If you would have them safe abroad,
　Pray keep them safe at home.

第六章　カクテルに名を残す女王はだれ？

二人のメアリー

二〇〇一年、イギリスの公共放送局ＢＢＣが視聴者に呼びかけた。あらゆる時代のイギリス人の中でだれを最も偉大と思うか、投票してほしいと。もちろんスコットランド人、アイルランド人も投票対象に入っていた。その結果選ばれたベスト・テンの中に女王が一人いる。それがだれかクイズにしたら、大方の人が当てるだろうか？

正解はエリザベス一世。この偉大な「処女王」が君臨した一六世紀には、女王の統治する国は安定しないのではないかという不安が強かった。けれど実際はこの時代のグレート・ブリテン島には、エリザベス一世の他にも、史上よく知られた女王が二人もいる。一六世紀は女王の時代だったと言ってよいのかもしれない。

ともあれ、そのうちの一人は今も（偉大とは思われていないようだが）人気が高く、もう一人はどちらかというと嫌われている。しかし二人には共通点がいくつもある。テューダー王家の血を引いていたこと、カトリックであったこと、名前がメアリーであったこと、有為転変を地で行ったこと、そして行状が血なまぐさかったことである。その血なまぐささは、多少とも性質が異なるとはいえ、甲乙つけがたかった。それがどのような行状だったか、みてみよう。

嫌われたメアリー・テューダー

二人のうちの一人、嫌われ者のメアリー・テューダーは、一五一六年に生まれてからしばらくの間、生活はまずまず平穏だった。父ヘンリー八世は世継ぎとなる男子を望んでいたものの、メアリーは王女にふさわしい教育を授けられた。わずか二歳から一二歳の間に、フランス皇太子をはじめ四人の王あるいは王位継承者と婚約させられたが、当時の情況からすれば異常ではなかった。とくに未だ小国でしかなかったイギリスがおかれていた国際情勢をみれば、やむをえなかったと言える。平和な生活が一変するきっかけは、父が母キャサリン・オブ・アラゴンと離婚したことだった。さらに父がアン・ブーリンと結婚した後は庶子とされ、王位継承権まで奪われてしまう。

メアリーの境遇をみじめにした事情の一つに、母親譲りの熱心なカトリックだったことがある。ヘンリー八世の死後、その息子エドワード六世の短い治世の間、プロテスタントに改宗するようにとの様々な圧力をはねつけ、メアリーはカトリック信仰を守り続ける。一六歳前にエドワードが他界した後、イギリスがプロテスタント国であり続けることができるようにとの口実から、ジェイン・グレイ（やはりテューダー家の血を引く）が女王に祭り上げられる。しかし、それはたった九日間の在位に終わる。メアリーが女王の座を目指して立ち上がると、民衆がVox Populi, Vox Dei（民の声は神の声）という旗印を掲げてメアリーを支持したからである。このとき国民の多数は、テューダー王朝の継承者としてメアリーを支持したが、一方で彼女の熱狂的なカトリック信仰を危惧《きぐ》する気持ちも強かった。

メアリー一世は即位後、財政・経済の立て直しを図ってかなり実効を上げたうえ、個人的には慈愛に満ちた女性だったようだ。とくにMaundy Thursday（洗足木曜日）の伝統を実行し、女王自ら貧しい女たちの足を洗って、暮らしの心配をしたという。ある歴史作家は彼女のことを「マザー・テレサと故皇太子妃ダイアナを一六世紀的に一身に兼ねる女性」と述べている（Robert Lacey, *Great Tales from English History*）。

しかしながら、宗教問題に関する国民の不安はほどなく悪夢となって現われた。エドワード六世時代の行きすぎたプロテスタント主義を是正するだけなら、引き続き国民の支持はつなぎとめられたはずだったのに、メアリーはそれだけでは飽き足らず、父ヘンリー八世の宗教改革まで反故《ほご》にした。さらには、カトリックへの復帰を徹底するために、中世の「異端法」を復活し、プロテスタントの指導者を次々と火刑場に送り込む。

一五五五年の二月から四年足らずの間におよそ三〇〇人のプロテスタントが火刑に処されることになった。平均すれば月に六人以上、つまり五日に一人以上が火あぶりにされたことになる。火刑はロンドンに住む人々にとって（ローマの闘技場における剣闘士たちの戦いと同じように）、はじめは娯楽であったようだ。けれど、こうも次々に処刑されると、さすがに残酷さが目に余ってくる。たとえば、初期には薪が少なくてなかなか火が回らないことがあった。やがて首に火薬を巻きつけることが多くなっても、火の勢いが弱いこともある。そんなときにはどうしても苦しみが無用に長引く。見物する人々は次第に嫌悪感が募るようになった。

とくにトマス・クランマーの処刑は衝撃的だったようだ。クランマーは一五三三年以後カンタベリー大主教として教会の実質的な最高責任者だった（名目的には国教会の首長は国王）。メアリーの母キャサリンとヘンリー八世の離婚（あるいは婚姻の不成立）を認めたのみならず、祈禱書《きとうしょ》その他を編纂《へんさん》して国教会を作り上げた人物である。メアリー女王の治世になってから、圧力に負けてプロテスタントの信仰を六回も取り消したものの、それでも火刑に処されることに変わりなかった。最終的に公衆の前で取り消しを求められたとき、突然今までの取り消しを良心にもとるものとして撤回する。直ちに火刑場に連れて行かれ、火がかけられる。そのとき、それまでの取り消し書に署名した右手を、恥辱に穢《けが》れたものとして火のほうに差し出したのだった。

何度信仰を取り消しても結局処刑されるしかなかったクランマーの姿を見た人々は、この異端の火刑を不公正とみるようになり、火刑を支持しなくなった。その結果、それまでスミスフィールドで行われた火刑は、一五五八年以後、秘密の場所で執行されることになる。このように執拗《しつよう》に火刑を繰り返したメアリーは「血まみれのメアリー」(ブラディメアリー)と呼ばれることになる。

ついでながら、その後三〇〇年近くにわたって大方のイギリス人がカトリックを嫌い、カトリック教徒が公職につけなかったのは、このメアリーの極端な反動政策のためだったとも言われる。

テューダー神話とは何か?

メアリーが即位するとき、強いカトリックの信仰が国民の間に心配の種だったことを述べたが、それにもかかわらず彼女の即位が支持されたのはなぜだったか。それは当時のイングランドには「テューダー神話」と呼ばれる、強いテューダー王朝に期待する空気があったからである。テューダー朝の祖であるヘンリー七世は、国内を分断したバラ戦争に勝利してイングランドの統一に成功した。当時の人々はバラ戦争を骨肉相食《あいは》む、イングランド史上まれにみる悲惨な出来事ととらえていたので、その悲劇からイングランドを救ったヘンリー七世は言わば救世主だったのである。

ヘンリー七世の子八世は、生涯に妻を六人も娶《めと》り、そのうち二人まで斬首刑に処すなど、現代人の目から見れば非常に勝手気ままなふるまいの目立つ専制君主だった。それでも国民から支持されたのは、男子の世継ぎを得て国内の安定を図ることが国民の望みと一致したからである。当時の人々はテューダー家が君臨しなければ、再び国が乱れるのではないかという不安に駆られて、強いテューダー家の王を支持したのである。

テューダー家の系譜

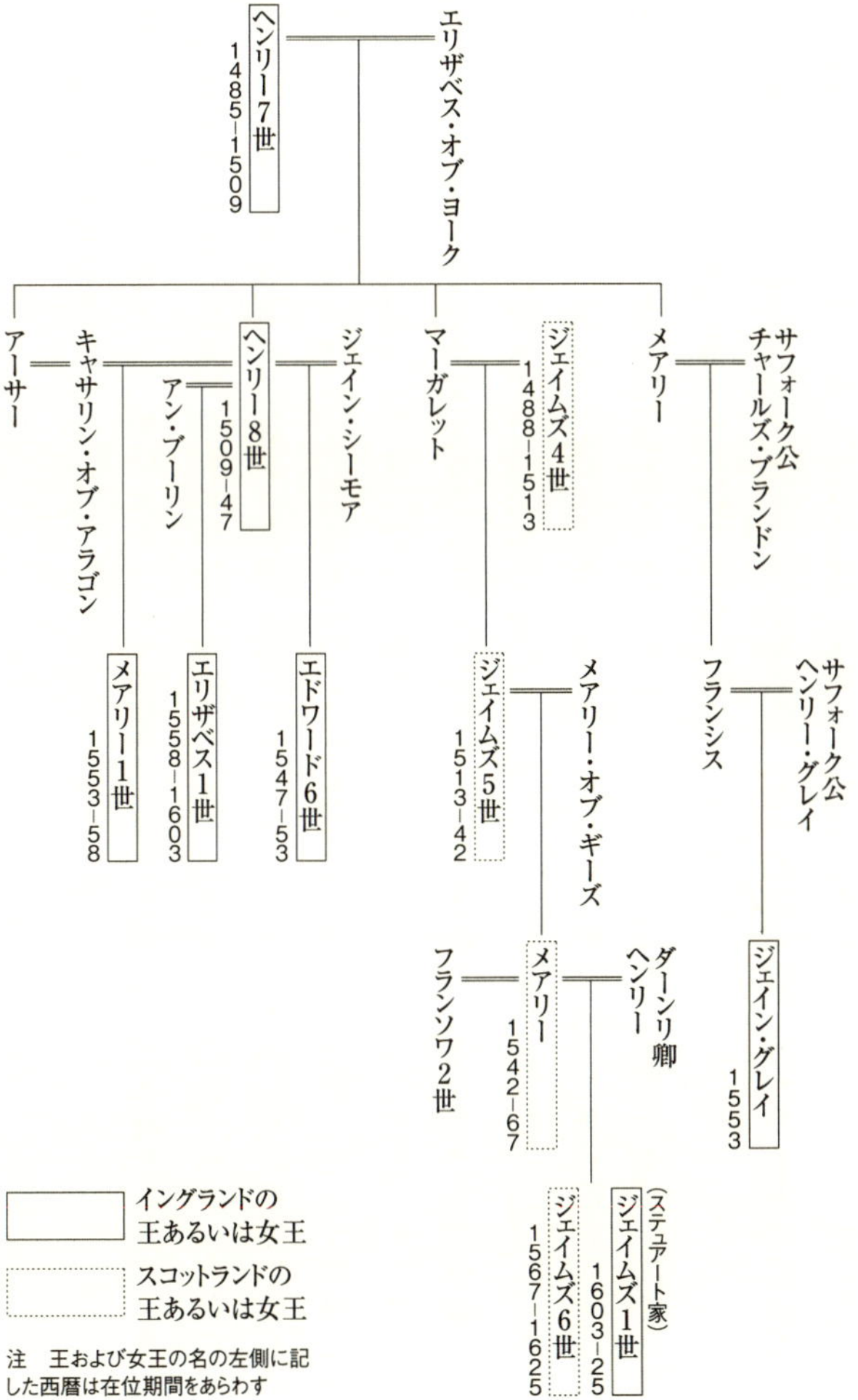

注　王および女王の名の左側に記した西暦は在位期間をあらわす

メアリーの強い意志と決断力は、当時の人々がテューダー家の王に求めた資質だった。その点でメアリーは、父ヘンリー八世にも異母妹エリザベス一世にも劣らない強い女王だと言える。けれど、この二人と違って決定的に欠いていたのは、国民の声を感じ取る能力だった。それが彼女の結婚にも表われている。スペインとの同盟が国益にかなうという判断だった（それは大きな間違いだった）としても、皇太子フェリペ（後のフェリペ二世）と結婚したのは、国民の感情を逆なでする行為以外の何物でもなかった。実際、イングランドは当時の大国スペインとフランスの争いに巻き込まれることになり、一五五八年、フランスにおけるイングランドの最後の拠点カレー市を失う羽目になる。期待した妊娠が胃癌《いがん》と判明したことともあいまって、同年メアリーは失意のうちに死に、国民は新女王（エリザベス一世）の即位に希望を託すことになった。

メアリー・ステュアートは栄華のはてに

もう一人のメアリーの一生は不幸とともに始まった。それとも、幸運とともに始まったと言うべきだろうか？　父のスコットランド王ジェイムズ五世が一五四二年、イングランド軍との戦いに疲れて没したのは、メアリー・ステュアートが生まれて一週間後のことだった。生後一週間の乳児が女王として戴冠することは、運がよかったか悪かったか、見方によって意見が分かれる。いずれにしても、波乱を予測させる門出ではあった。

幼いメアリーは近隣の王家から絶好の婚姻相手として狙われる。イングランドのヘンリー八世は息子エドワード（後のエドワード六世）と婚約させようとした。しかし、目的がスコットランド支配の道具としてメアリーを手に入れることだったため、しかもその魂胆が見え透いていたので、簡単に成功するはずもなかった。スコットランドは、イングランドからの独立を守るため、フランスと同盟してイングランドを牽制《けんせい》することが、ほとんど伝統的といってよい国策だった。メアリーの婚約問題についても、摂政を務めた母親のメアリー・オブ・ギーズが有力なフランス貴族ギーズ家の出身だっただけに、フランス皇太子との話は順調にまとまる。フランス風の教育を受けるため、メアリーが侍女四人を連れて（四人とも名前はメアリーだった）フランス宮廷に赴いたのは一五四八年のことだった。

それから一五五八年にフランス皇太子と結婚するまでの一〇年間は、メアリーにとって最も幸せな年月だった。少なくとも、最も平穏な歳月だったと言える。翌五九年、フランス王アンリ二世が事故死を遂げたとき、夫はフランソワ二世として即位する。メアリーは一歳年上の一六歳だった。スコットランド女王であり、フランス王妃になったばかりか、イングランドの有力な王位継承権者でもあった。まさに栄華の極みに立っていた。

しかしながら、その栄光はわずか一年余りしか続かなかった。一五六〇年の終わりころ、夫フランソワ二世が病死したからである。およそ一年半後、女王としてスコットランドに帰国したとき、メアリーはまだ二〇歳前の、フランス風に洗練された美しい女性だった。当時のスコットランドはカトリックとプロテスタントの争いの渦中にあったので、カトリックとして育ったメアリーが次にだれを結婚相手に選ぶかは、単にスコットランドとイングランドだけでなく、ヨーロッパ中が注目していた。

ここまでの半生を振り返ると、はじめと終わりに大きな不幸があったとはいえ、全体として恵まれていたと言えるだろう。ただ、光栄の前半生はメアリー自身が選んだ道ではなく、他の人々がお膳立《ぜんだ》てした道ではあった。

後半生は二重の意味で前半生とは様相が違っていた。まず女王として自ら選んだ道であった（もちろん進言は受けたが）。そして、重大事のほとんどすべてに間違った選択をした結果、どんどん悲劇的な方向に進んでいく。

とはいえ、メアリーが親政した最初の五年間は、摂政マリー伯等の適切な助言に従って無事に進んでいった。変調をきたしたのは、一五六五年、メアリーと同じカトリックの美男子ダーンリ卿《きょう》にひとめぼれし、二度目の結婚相手に選んだことだった（このときダーンリ一九歳、メアリー二二歳）。結婚と同時にメアリーは穏健な宗教政策を離れ、プロテスタント勢力の進出を食い止めようとする。けれど間もなく、メアリーは夫がうぬぼれ屋の酔っ払い、また愚鈍で無節操な男であると知る。そのうえダーンリ卿は嫉妬《しっと》深く、メアリーの信頼する秘書であり音楽家であったイタリア人ダビッド・リッチオを一五六六年、身ごもったメアリーの目の前で殺害する。やがて王子ジェイムズ（後のスコットランド王兼イングランド王）が生まれたにもかかわらず、二人の仲は完全に冷却し、メアリーは、新しく恋人となったボスウェル伯を含めた支持者たちと善後策を相談する。

翌一五六七年、ダーンリ卿が滞在していた（しかもメアリーが甘い言葉でそこにおびき出していたのだ！）エディンバラ郊外の屋敷が爆破され、瓦礫《がれき》の中に卿の遺体が見つかる（ただし、ダーンリは爆死したのではなく、絞め殺されていた）。この殺害の詳細は不明だが、人々は、ボスウェル伯が首謀者であり、女王がかかわっているとみていた。そんな情況の中で、わずか三ヶ月後、こともあろうにメアリーはボスウェル伯と結婚する。ことがここに及ぶと、プロテスタント貴族たちは団結して反旗を翻し、女王を逮捕して廃位させる（ボスウェルは逃亡する）。幽閉されたメアリーは復位を目指して脱出するものの、武運なく、結局一五六八年、イングランドに落ち延びる。

他の一連の事件と同じくこのイングランドへの逃亡も、メアリーの短慮のなせる業だった。イングランドの王位継承権を持つメアリーをエリザベスが快く受け入れるはずもなかった。けれど、エリザベスが処刑をためらった結果、メアリーはその後一九年間イングランドの各地を転々とし、ずっと事実上の軟禁状態にありながら、カトリック信徒の陰謀に利用され続ける。そんなメアリーにもついに終わりが来る。イングランド当局は、熱狂的にメアリーを支持するカトリックのバビントンを利用して、エリザベスの殺害を承認するメアリーの手紙を手に入れる。これでメアリーの反逆罪の証拠が明らかになった。エリザベスはこの段階でも迷い続けるものの、最後に死刑執行命令に署名し、メアリーはついに自らの血を流すことになる。

悲劇の女王を演じる

このように、スコットランド女王メアリーの後半生は、血なまぐさい事件が周辺に漂っていたばかりか、ほとんど判断の誤りの連続と言ってよい行動ばかりとっていた。勇敢で決断力もあったものの、現実よりは自らの幻想に基づいて行動したように思われる。その結果、スコットランドの社会に融和と平和をもたらすより、むしろ新旧教徒の争いとあいまって、秩序をかき乱すほうが多かったように思える。

それにもかかわらず、伝記作家ツヴァイクによると、後世に残るメアリーのイメージは肯定的なものである。

彼女は……女丈夫でロマンティックな人物として、自国民の記憶にのこったのである。こんにちスコットランドでは、彼女の弱点や愚行のかずかずは忘れさられ、その情熱が犯した罪は許され、免じられている。そして、いまに残る彼女の唯一の姿は、ものさびしい城に囚《とら》われの身をかこつ柔和な女性の姿であり、また、いま一つは、わが身の自由をすくうために、あわを吹く馬の背で夜をついて疾駆しながら、おどおどと臆病に敵にくだるよりもいく千倍もましだとばかり、死の危険をおかす大胆な騎馬の女性の姿である。

（古見日嘉訳『メリー・スチュアート』）

メアリーは、イングランドに逃亡する前に三度、ロマンティックな人物と思わせる「夜の逃避行」を行って、「わが身の自由と王冠とをすくった」とツヴァイクは言う。その最後の逃避行がどのようなものだったか、簡単に書いてみよう。

メアリーが逃亡の前に幽閉されていたのはリーヴェン湖のまんなかにあるロッホ・リーヴェン城だった。ここから脱出するため、青年貴族のジョージ・ダグラスや小姓の少年ウィリアム・ダグラスを味方に引き入れ、さらにはスコットランドの有力な一族ハミルトン家と連絡を取りあう。脱出は一度失敗し、二度目に成功する。このとき少年は見張りをしたたかに酔わせるとともに、巧みに城の出口の鍵《かぎ》を手に入れる。侍女に変装したメアリーが城の外に出たとき、外から出口に鍵を閉め、その鍵を湖に捨てる。一行は夜の闇の中、小船をこいで対岸に渡ると、そこにはジョージ・ダグラスと騎兵たちが待っていた。女王は馬に飛び乗りざま、ハミルトン家の城に向かい、一晩中休まず馬をかける。

これは事実とは食い違うらしいが、このようなロマンティックな情景こそ、後世の人々がメアリーについて思い浮かべる姿なのである。実際、栄華の極みから断頭台の露と消えるまで、メアリーの一生は劇的としか言いようがない。そのため多くの文学作品の種になるなどし、「悲劇の女王」とは呼ばれても、「血まみれのメアリー」と呼ばれることはなかった。

カクテル「ブラディメアリー」

さて、「ブラディメアリー」というカクテルは、ウォッカベースにトマトジュースその他を加えて作る。トマトジュースの赤い色が血を連想させるところから、つけられた名前である。アメリカで禁酒法時代に登場したと言われるこのカクテルには、名の由来をめぐっていくつかの説がある。一番有力なのは、血なまぐさい事件を起こした女王からとったというものである。

その血なまぐさい女王は、もうお分かりのように、メアリー一世のことである。けれど、ほぼ同時代に同じブリテン島にメアリー女王が二人君臨し、しかも二人とも身辺に血なまぐさい匂《にお》いが漂っていたので、「血まみれのメアリー」とはどちらの女王のことか、間違うことが時にある。

ある年、筆者が勤務する大学で四年セミナーを担当したとき、たまたま話が二人のメアリーに及んだので、ブラディメアリーと呼ばれるカクテルが、どちらの女王からとった名か尋ねてみた。大方の学生は「メアリー一世」と答えたが、たしか一五人ほどのクラスの中で二、三人、「メアリー・ステュアート」と答えた学生がいた。

なぜそう思ったのか尋ねたら、カクテルにふさわしい華やかな女王だし、こちらのほうが有名だからということだった。メアリー・ステュアートは決して華やかな一面ばかりではないが、時を経た現代のイメージとしては多分そうなるのだろうと、それなりに納得したものだった。実際彼女の生涯を全体として眺めると、くっきり浮かび上がるのは情熱の強さと果敢な行動力ではないかと思う。それも、王位に対する執着と男に対する思い入れからくる情熱であり、それを成就しようとする勇気、決断力からくる行動である。「血まみれの」という負のイメージが、時間とカクテルによって多少とも変質するとき、男と王冠に人生の歯車が狂った女王の言動は、華やかに映るものなのであろう。

一方のメアリー一世とて情熱と決断力では決して劣らなかった。とはいえ、彼女の場合は情熱の対象が主に宗教だった。例外は少なくないものの、一般的には若い人々を強くひきつけるものではない。

イギリス人の世俗性から見たメアリー

メアリー・ステュアートは、かつてイングランドの人気ある女王エリザベスの王座を揺るがした。それにもかかわらず、イングランドでも未だに彼女の伝記が書き続けられ読まれている。それはなぜだろうか？

思うに、こたえは現代イギリス人の世俗性にある。イギリスでは、イングランドにおいてはアングリカン・チャーチ（英国国教会）が、スコットランドにおいてはプレスビテリアン・チャーチ（長老派教会）が未だに国教会であるので、まだまだキリスト教が強いという印象があるかもしれない。けれど、事実はまさにその逆である。問われたら多くのイギリス人が自分はキリスト教徒であると答えるだろうが、では最近一ヶ月の間に教会の礼拝に出席したかどうかを聞けば、大半が行っていないと返事するはずである（数字を挙げるのは調査によって違うので危険だが、一応二〇パーセント以下の人が礼拝に参加すると言えば無難だろうか）。

イギリスがキリスト教の国であるというのは今でも決して間違いではないが、それは日本が仏教国であるというのと同じような意味になってきている。「ほとんどの者は幼児洗礼を受けるために教会に抱かれて行き、あとは埋葬のためにかつぎ込まれるまで教会とは無縁な生活を送る」（安東伸介、小池滋、出口保夫、船戸英夫編『イギリスの生活と文化事典』）。つまり、宗教に無関心ではないにせよ、現実の生活はそれほど宗教とかかわりがなくなっているのだ。一言で言えば世俗的であり、関心はもっぱら人間世界にある。

先ほど触れたイギリスの国教会制度については特異なところがある。英国国教会の頂点に立つのは、精神的、霊的、そして実質的にはカンタベリー大主教だが、組織的には国王である（王は教会の首長 Supreme Governor と呼ばれる）。一方スコットランド国教会つまり長老派教会においては、国王は首長ではないものの、最高議決機関である総会に（多くは代理人を通じて）出席する。しかもスコットランドで暮らすときには長老派の教会の礼拝に出ることになっている。そうなると、国王はイングランドに暮らしているときは国教会信徒であり、スコットランドに滞在中は長老派の信徒ということになる。

歴史を遡《さかのぼ》ると、この二つの教会は一七世紀のいわゆる清教徒革命の際に激しく対立して内乱を起こし（長老派はピューリタンたちの先頭に立っていた）、あげくにチャールズ一世が処刑されたのであった。それが現在、王はあるときはアングリカンになり、ある時はプレスビテリアンになる。これを宗教的寛容というべきか、それともいい加減さというのだろうか？　あるいはイギリス的妥協という言葉が当てはまるのか？　このあいまいな制度がイギリスの世俗化を促進したとまでは言えないが、少なくとも不思議な情景を作り上げていることは間違いない。

そのような情況にあれば、熱い情熱と固い意志を持ち続けてカトリックを擁護しプロテスタントを弾圧した女王が、現代の国民一般、とくに若者たちに支持されるはずがない。逆に、いかに愚かではあれ、男のために平静心を失いつつ王位にしがみつこうとした女王には、共感を抱かぬまでも人間的な好奇心を強く喚起されるのが当然と言える。

第七章　イギリス方言の多様性

ロンドンで初めて聞いたコックニー

例によってロンドンの安宿に泊まっていたときのことである。ある日、どういうわけだか無性にウィリアム・ブレークの絵が見たくなった。ブレークはロマン派の詩人として名高いが、絵のほうでもそこそこ知られている。神秘詩人と言われるくらいだから、さぞ絵も神秘的に違いない。一体どんな絵なんだろうか。矢も楯《たて》もたまらなくなって、ナショナル・ギャラリーまで飛んで行った。

飾ってありそうな部屋をいくつも回ってみたが見当たらない。広い美術館だから隅から隅まで探し回るのは大変と思い、近くにいた中年の案内係にきいてみた。すると、にここ笑いながら、こちらを見て大声で「タイト、タイト」と叫ぶ。何のことを言ってるのだか、さっぱり分からない。

どうも服を見て叫んでいるように見えたので、ひょっとして、あのオースティン・リードで買ったばかりの服が似合わない、いや、窮屈そうだと言っているのかと首をかしげたものである（ぴったりしすぎてやや窮屈そうな服を英語では「タイト・フィッティング」という）。

頭をひねっていると、相手は二度、三度「タイト、タイト」と叫ぶ。

そのとき突然気がついた。この案内係はコックニー（ロンドンの下町方言）をしゃべっているのだ！　イギリス一の美術館なら、案内係だってキングズ・イングリッシュを話すはずと思ったのが間違いの元。そうか、この人は標準英語で言えば「テイト、テイト」と教えてくれているのだ。なるほど、ブレークの絵はテイト・ギャラリーにあるのだ。

私にとっては、この小さな失敗が本場のコックニーをじかに聞く初めてだった。

なぜ、テイトをタイトと発音するのか、それについては後に詳しく述べることにして、その前に、まずは現代イギリスの言語事情を簡単に説明したい。

イギリスは複数言語の国

イギリスではだれもが「正統的な」英語、つまりキングズ・イングリッシュ（あるいはクイーンズ・イングリッシュ）を話しているという誤解はたぶん過去のものだろう。けれど、現在イギリスと呼ばれる土地では、様々な言語を話す民族が数千年前から侵略と征服を繰り返してきたので、その言語的多様性は私たち日本人の想像力をはるかに超えている。

インド・ヨーロッパ語の分類（ここに挙げたものは語派も現代語も全体の一部である）

語派	現代語
ゲルマン語派	英語　オランダ語　ドイツ語　ノルウェー語
イタリック語派	フランス語　イタリア語　スペイン語
スラブ語派	ポーランド語　ロシア語
インド・イラン語派	ベンガル語　ヒンディー語　ペルシャ語
ケルト語派	ウェールズ語　ブレトン語（フランス北西部ブルターニュのケルト語）　アイルランド語（アイルランドのゲール語）　スコットランド高地ゲール語

まずことわっておきたいのは、英語あるいはその古代語（古英語）がイギリスで使われるよりはるか前から、つまり今からおそらく二五〇〇年以上前から、ケルト系の言葉が話されていたことである。そのうち現在でも残っているのが、第二章で触れたウェールズ語とゲール語である。同じインド・ヨーロッパ語族という点ではこの二つは英語と共通性が無きにしもあらずではある。けれど、英語はゲルマン系の言葉だから、同じゲルマン系のオランダ語やドイツ語にずっと近い。ケルト語は、英語とははるかに遠い外国語である（これは上の言語分類表を参照していただけば理解しやすい）。

そのうえ、第二次大戦以後は、他のヨーロッパ諸国と同じく、イギリスにもかつての植民地から多数の移民が流入してきた。地域によっては、アジア系その他の外国語が飛び交っている。イギリスは実際、複数言語の国であり、複数文化の国でもある。けれど、これらの外国語はここでは取り上げない。英語だけにかぎっても、その多様性は甚だしいから。

イギリス英語の方言は山とある

イギリス英語には方言がいくつあるだろうか？　山ほどあるとは言えても、いくつと言うには無理がある。それは英語にかぎらず何語についても同じだろう。このことは日本語で考えたらよく分かる。それぞれの方言には境目がないか、はっきりしない。場合によっては重複してもいる。

たとえば東京にはいくつ方言があるだろうか？　一番よく知られているのは山の手方言に下町方言だろうか？　だが、同じ山の手でも、たとえば西片町《にしかたまち》の言葉と赤坂の言葉では違う。西片町の中でも違いがあるだろう。

何語であれ、厳密に言えば発音は一人一人違うという（さらに言えば、同じ人でも一回一回の発音が全く同じであるはずがない）。日本の人口が仮に一億三千万人だとすれば、日本人の発音は一億三千万通りあることになる。方言も同じで、一億三千万通りあることになるだろう。もっとも、そう言ってしまっては、方言なんて言葉自体が意味をなさなくなる。

イギリスの方言については、これまた数え始めるとわけが分からなくなりそうだが、ともかく、多くあることが一般に認められている。あの広大なアメリカの方言より多いとさえ言う人もある。ただし、どちらが多いか数えることに意味がないことは、すでに述べた通りである。

なぜイギリスに方言が多いか？　それはやはり歴史の古さに由来する。仮にもとは同じ形であっても、時代を経るにつれ、それぞれの地域で変わっていくのが言葉の宿命だからだ。イングランドは、他のヨーロッパ諸国と違って、アングロ・サクソン人が移住して以来、現代に至るまでほとんど外部から侵入されることはなかった。唯一の例外がノルマン・コンクウェストだが、これは支配層の交代であって、英語あるいはその古形を話した庶民にかぎれば、彼らはずっと同じ土地に住み続けた。

現代では想像しがたいことだが、産業革命が始まる今から二五〇年ほど前まで、人々は一生の間あまり移動することがなかった。ごく一部の上流階級をのぞいては、たいていの人は、自分の生まれた村の周辺から外に出なかったのだ。つまり、千年以上もの長い間、人々はほとんどが村ごとに隔離されていたようなものだった。その間に、各地方の語彙《ごい》、発音、イントネーションなどがその地方独特の特徴を帯びていった。

イギリスの文化は全体として北部より南部が中心であるとよく言われる。それは言葉についても当てはまり、南部の英語がイギリス全体の英語の模範と考えられることが多かった。その南部の標準からみれば、概して北部の人々の「訛り具合」は重く、分かりにくい。したがって北部の人々は粗野で野卑でさえあるとみなされる。逆に北部の人からみると、南部（とくにロンドン）の人は言葉が滑らかだが、自分たちのように実直でもなければ誠実でもなく、信用しがたいということになる。

筆者など耳が悪いので、いわゆる標準英語を理解するのがやっとで、ある種の方言など全く聞き取れないことさえある。中には英語を話しているとは思えないものまである。たとえば、グラスゴーの若者を主人公にする『グレゴリーの〝彼女〟』（原題 *Gregory's Girl*）という映画は、登場人物たちのしゃべっている言葉が英語であると納得するまで、数分かかったほどだった。実際、グラスゴーは言葉が分かりにくく、同じイギリス人の間でも理解しにくいと定評のある土地だが、そういう所は、リバプールをはじめ、他にいくつもある。ただし、ビートルズ以後は上流階級の子弟でもリバプール方言をまねする人がいるそうだ。

総じて言えることだが、一部を除いて、イギリスでは方言が日本以上にさげすまれていた。つまり、方言を話す人は、無教育の烙印《らくいん》を押され、軽蔑《けいべつ》されることが多かった。そういうわけで、たとえばテレビの娯楽番組では、こっけいな人物を演じる喜劇役者は、ヨークシャー地方の方言をまねするのが言わば定番だったようだ。

こういう類のことを述べれば、イギリスの方言には階級性のあることが察せられるはずである。その通りで、実はイギリスには地方方言の他に階級方言と言われるものがある。次節ではそれについて述べる。

階級方言とは何か?

日本にも「階級的な」方言ならあるだろう。前に触れた山の手方言と下町方言にも、そのニュアンスが感じられる。ただ、イギリスの階級方言は日本よりはるかに社会的な意味合いが強く、人と人とを強く隔てる（あるいは、隔てた、と過去形で言うべきかもしれない）。

階級方言とは特定の社会階級に特有の言葉遣いのことである。その典型的なものの一つにいわゆるキングズ・イングリッシュ（エリザベス二世治下の今ならクイーンズ・イングリッシュ）がある。ときにこれは標準英語ないしBBCイングリッシュと呼ばれたり、オックスフォード・アクセント、あるいはパブリック・スクール・アクセントと呼ばれたりする。かつて標準英語と呼ばれたもの、あるときには容認発音（英語ではリシーヴド・プロナンシエーション、略してRP）と呼ばれたものも実質的に同じと考えてよいだろう（なお、RPは、字面から見ると発音のみにかかわりそうだが、実際は語彙・文法などを含み英語全体にわたるので、「容認英語」と言うべきかもしれない。「標準英語」という差別的な言い方を避けても、「容認」の概念もまた差別的であることに変わりない）。

けれど、これらの呼称は同じ言葉遣いを指すものではなく、それぞれが少しずつ違うと主張する人もいる。そういうことで言えば、パブリック・スクール・アクセントだけにかぎっても、各々のパブリック・スクールには固有の話し方があるので、学校ごとに異なると言う人さえいる。そんな人に言わせれば、話す言葉を聞けばどのパブリック・スクールの出身者か分かるらしい。

いずれにしても、「標準的」な話し方は支配階級に特有のものである。したがって、それに該当する話し方をする人は、イギリス人のうち五パーセントにも満たない。ごくごく少数派の言葉遣いなのであり、多くのイギリス人から冷たい、あるいは気取っていると思われている。けれど、それを話す人から見ると、他の言葉遣いは無教養で品位に欠けるというわけである。

ただ、地方方言に数えるべきエディンバラ・アクセントだけは、教養ある人の言葉だと思われている。筆者が聞いたかぎりでは、硬くごつごつした感じがあるし、いわゆる標準英語とは多少イントネーションも違うとはいえ、この二つは近い気がする。

もう一つ、かなり知られた階級方言がある。それは、ある意味では「標準英語」の対極にあり、コックニーと呼ばれる。

もっとも、コックニーは言葉だけでなく人を表わすこともある。「ロンドンっ子」とでも言うべきか、ロンドンの下町イースト・エンドで生まれた庶民を指す。厳密に言えば、ボウ教会の鐘の音が聞こえるところで生まれ、一生をその土地で暮らす人である。「江戸っ子」が三代にわたって江戸の下町で暮らす町人のことだとすれば、それよりやや基準が緩やかだ。三代続けてイースト・エンドに住んでいなくても、本人がその土地で生まれさえすればコックニーなのだから。

そのコックニーたちが話す英語もまたコックニーと呼ばれる。きわめて特徴的な言葉遣いや発音があるが、往々無教養の最たるものとして軽蔑されてきた。現在ではBBC放送でも時に出てくるようで、昔より評価されていると言える。ではどんな特徴があるか、次節で述べたい。

コックニーの特徴

特徴は多岐にわたる。ここではいくつかだけ取り上げることにしよう。とくに発音については多様な特徴があるが、比較的知られているものは次の二つである。

（一）母音の［ei］を［ai］と発音する。

たとえば、“I went to the station to buy the newspaper.”（新聞を買いに駅まで行った）

という文において、station の発音をカタカナで書くと「スタイション」に、newspaper は「ニュースパイパ」になる。本章の冒頭で触れた「テイト・ギャラリー」が「タイト・ギャラリー」になるのも同じ原理による。この「変則的な」発音は、イングランドの他の地域にもかなり広がっているし、他の国、たとえばオーストラリアでもよく聞く。オーストラリア人が多く普通の挨拶《あいさつ》として使う Good day が「グダイ」となるのは、日本でもかなり知られた現象だろう（そのあとに mate「マイト」と呼びかけるのは、大半のオーストラリア人がすることとは言えないようだ。なお、私はオーストラリア人の英語がコックニーだと言っているわけではない。やはりオーストラリア英語も多様であり、一部の人がコックニーに近いというだけのことである）。

（二）母音の前のhを発音しない。

ミュージカル映画『マイ・フェア・レディ』（ジョージ・キューカー監督）に面白い例がある。コックニーに扮《ふん》したオードリー・ヘップバーンは、"Just You Wait"（今に見ていろ）という曲を歌うとき、歌詞の中の一行 "But all I want is Henry Higgins' head!"（ほしいのはヘンリー・ヒギンズの首だけ）の最後の三語を「エンリー・イギンズ・エッド」と発音する。三語の冒頭にあるhを落とすわけである。このようにhを落とすことはコックニーの特徴である。ただし、これはイギリスの中でかなり広がっており、やはり教養のない労働者の言葉と考えられていた。なお、子供には語頭のhの発音がむつかしいらしい。労働者階級の子供でなくても、きちんと発音できなくて、親からお目玉をもらう場面が小説に見られる。

これと関連してコックニーには面白い現象がある。語頭のhを落とす一方で、母音で始まる語の先頭にhを入れてしまうのだ。たとえばever（「標準語」の発音はエヴァー）がhever（ヘヴァー）になる。もう一度『マイ・フェア・レディ』から借用すると、"In Hampshire, hurricanes hardly ever happen." という文は "In 'ampshire, 'urricanes 'ardly hever 'appen." になる（'の記号は何かが省略されていることを表わす。ここではhが抜けていることを示す）。

次にコックニーの文法上の特徴をこれも二つ挙げてみよう。

（一）否定形として、否定の意味の言葉を二つ使う。

標準的な英語なら“I don't want any money.”（金は要らない）と言うべきところをコックニーでは“I don't want no money.”のように、否定の言葉を二つ入れる。これはアメリカの黒人大衆の英語と同じ語法であるし、フランス語では否定の言葉を二つ使うのが普通だから、決して奇異な現象ではない。

（二）動詞を三人称単数形にする傾向がある。

標準的な英語なら we say, you say, he says と言うところを、コックニーでは we says, you says, he says というふうに、すべて三人称単数形にする。これは過去形についても同じで、たとえば we was, you was, he was となる。

このように発音と文法の両面から特徴を四つだけ見ても、コックニーが、「標準英語」とはかなり違うことが分かる。けれど、コックニーには他の英語とは飛び切り違う特徴がある。それは語彙にかかわる事柄だが、これについては節をあらためたい。

ライミング・スラングの妙味

ライミング・スラングと呼ばれる、コックニーに特徴的な表現は、例外はあるが、たいていの英語話者にもほとんど理解は不可能と言ってよいだろう。前に挙げた四つの特徴は、他の方言にも見られないことはない。けれど、このライミング・スラングは他にはまず見られない表現である。

例として、珍しく英語話者ならかなりの人が知っているあるライミング・スラングを挙げてみよう。それは、目の前にいる奥さんを紹介するときなどに使う“This is my trouble.”である。ひょっとしたら話者は今奥さんとトラブルを起こしているかもしれないが、この文はそういう意味ではない。これはある文の省略形であり、元の形に戻せば、“This is my trouble and strife.”となる。これでもあまり理解できないだろうが、最後の単語 strife が wife と韻を踏んでいることに注意していただきたい。

コックニーでは、ある語の代わりに、それと韻を踏む別の語（あるいは語群）を使うことがある。それゆえこういう語法をライミング・スラング（韻を踏むスラング）というのだ。この文では my wife を my trouble and strife に置き換えている。ところが、複合語の場合、本来の語（この文なら wife）と韻を踏む語（この文では strife）まで省略してしまうことがある。その結果生まれる文が "This is my trouble." というわけである。このような現象を知らない人には、意味の分かるはずもない表現である（ただし、コックニーの中でこの trouble and strife はけっこう有名ではあるので、かなりの英語話者が理解できる例外的なコックニーである）。

筆者がとくに面白いと思うのは、表現の妙である。奥さんは、夫にとって、とてもありがたい頼もしい存在ではあるが、時に頭の痛い、煙たい存在でもある。まさに trouble（悩みの種）であり、strife（争いの種）でもあるのだ。実に人情の機微をついたユーモアある表現ではないだろうか？

ライミング・スラングの中では、wife に関するものが圧倒的に多いようだ。wife の意味で使う他の例を挙げると、fork and knife, bit of tripe に加えて、struggle and strife や worry and strife など、strife を使ったものが多い。それだけロンドン庶民の夫たちは妻に悩まされているということだろうか？　もっとも、喜ばしいことに、joy of my lifeという表現もある。

妻の側から見たら夫は同じように、あるいはそれ以上にわずらわしい存在であろうが、ライミング・スラングの中に夫を表わす表現は筆者の知るかぎりほとんどない（唯一私の知っているのは、old manと韻を踏むold pot and panという言い回し。ただし、これはたいてい息子や娘が「親父」を表わすときに使われ、時に「亭主」に対しても使われるという程度である。そのうえ、単に語呂合わせにすぎず、strifeのような争いの意味合いもなく、妙味は薄い）。夫から見た表現が多いのは、イギリスの労働者階級が男性社会であることを表わしていると考えて差し支えないだろう。

ライミング・スラングは、専門の辞書があるほどたくさんあるので、いちいち例を挙げたらきりがない。他の例をいくつか紹介するにとどめたい。

“Give me some fisherman's daughter.”の意味を考えていただきたい。一見すると、人身売買を行っているようなせりふで、ぎょっとする方もおられるやもしれないが、決してそんな物騒な意味ではない。fisherman's daughterはwaterと韻を踏む。つまり、この文は“Give me some water.”という意味である。「水をくんねえ」とでも訳すところだろう。
“Use your loaf.”はどういう意味だろう？ loafと来ればすぐにひらめく表現がないだろうか。a loaf of breadである。この文はloafのあとにof breadを略している。これでお分かりだろうか？ このbreadはheadと韻を踏む。結局この文は“Use your head.”の意味になる。訳は「どたまを使え」でよいだろうか。
最後に“You're King Dick.”はどうだろう？ 女性からこんなせりふを言われたら、男は王様扱いされて気分がよいだろうか。実は正反対で、Dickは“thick”（「頭が鈍い」の意味）と韻を踏む。言われた相手は“You're thick.”とけなされているのだ。「このうすのろが」くらいの意味になる。

河口域英語（Estuary English）とは何か？

「河口域英語」という新しい英語方言のことをご存知だろうか？ これは三〇年ほど前にデイヴィド・ローズウォーンが提唱した、現代英語の一つの潮流であるが、最も単純に説明すれば、容認発音RPとコックニーの中間を行く英語とでも言えばよいだろうか。ある意味で極端な階級方言とも言えるＲＰとコックニーの両方を排しつつ、同時にそれぞれの特徴を部分的にとどめるのが河口域英語である。いわば中庸を目指す姿勢から、これが新たな標準英語になると考える人もいる。ロンドンを中心としながらも、周辺の諸州、つまりテムズ川河口域（the Thames Estuary）に広がっているとの認識から、Estuary English（河口域英語、略してＥＥ）と呼ばれている。

以前なら躊躇なくＲＰを話した人々の中にも、この河口域英語を話す人が増えている。その理由はなんだろう？　一般的な言い方をすれば、従来の階級方言にみられる極端な階級性を嫌うからだと思われる。人によっては冷たく排他的で、お高くとまっているように聞こえる英語（ＲＰ）を話すのは、個人的に抵抗のある人も多い。そのうえ、実際に現代社会で広くビジネスを行ったり、社会生活を送ったりするうえで、お上品な言葉遣いは時に不利をもたらす。そのような人がＲＰを避けようとするのは自然だろう。

一方、昔ならコックニーの話し手となった人も、今日では、昔から住んでいたロンドンのイースト・エンドがスラム化して取り壊され、郊外の高層アパートに移り住むことが多くなった。住環境が変わると、父親などの古い世代とは違って、労働者階級にとどまる以外の選択肢も視野に入ってくる。社会的上昇の野心を抱く場合も増える。あるいは、周りの環境に適応するためには、コックニーが不適当なこともある。そのような人の場合、言葉遣いが意識的、無意識的に変わるのもまた自然の成り行きというべきである。

このような社会的変化に伴って話し手が増えてきた河口域英語は、地域的にもテムズ川の河口域を越えて広がりを見せているらしい。階層的にも知的専門職（プロフェッション）を含む多くの層、多くの人々を巻き込んでいる。近い将来にほとんど標準語、あるいは共通語になる可能性はたしかにあると思われる。

しかしながらＥＥの中身となると、様々な階層の人々を含むだけに、幅は広い。特徴は発音だけでなく、語彙と文法にも及ぶが、いずれの領域をとっても、人によってずいぶん違う。ほとんどＲＰ話者と言えるほどの人もあれば、コックニーと区別のつきがたい人もいる。そうなると、まとまった一つのアクセントと言えるのかどうか、疑問もある。

河口域英語の特徴

河口域英語の特徴を語彙、文法、発音の三つに分けて、一端だけでも見てみよう。大方は、RPあるいはコックニーとどれだけ違うかを述べることになる。

まず語彙について。コックニーに近い河口域英語の話者は、friend のかわりに mate を使う傾向がある（Coggle は著書 *Do You Speak Estuary?* の中で、例文として“Me and my mate went to the disco last night.”という文を挙げている。冒頭部分はRP話者なら My friend and I と言うべきところだから、ここには語彙以外の違いもある）。アメリカ英語の表現を取り入れるのも河口域英語によくみられる特徴である。例として I hope that の意味で用いる hopefully と by no means の意味の no way を挙げておこう。

次に文法について。コックニーによくみられる二重否定がやはり河口域英語話者にも使われる。しかしそれはコックニーに近い人にかぎられ、あまり多くない。そのかわり単なる not の意味で never がよく使われる（例“I never thought she was married.”なお、never はRPなら not ever の意味であり、否定を強調するときに使うが、このEEの例文ではとくに強調されているわけではない）。

次に、コックニーとは違って、proper や nice のような形容詞を副詞として使うことはあまりなさそうだが、quick, slow, good, bad はかなり副詞のように使われる（例“Did you sleep good?")。さらに、コックニーと同じくＲＰの were のかわりに was を使ったり（例 "We was talking about Tom.")、am not, is not, have not のかわりに ain't を使ったりする（例 "She ain't seen me.")。

最後に、ＲＰとコックニーとの違いが一番目立ちやすい発音について説明したい。中でも顕著なのは、子音ｔの発音（それをきちんと発音するか否か）である。

ＲＰ話者の場合、ｔが出てくるたびにすべてを発音するとまでは言えないまでも、基本的にはていねいに多くを発音する。ただし、listen や castle のように、母音と -en あるいは -le の間にある st あるいは ft という組み合わせ中のｔは発音しない。もっとも、この組み合わせでも、どういうわけか often のｔは発音する（カタカナで書くと「オフトゥン」)。

一方、コックニー話者なら、語の途中や最後に出てくるｔはあまり発音せず、声門閉鎖音（glottal stop）が現われる。たとえば butter と water の発音に近い表記は bu'er および wa'er となる。

二者の中間に位置するのが河口域英語の話者であり、ＲＰ話者ほどｔを忠実に発音しないものの、コックニーほど頻繁に glottal stop で代用することもない。どれだけ発音し、どれだけ閉鎖音に換えるかは、その人のＲＰないしコックニーとの距離しだいである。

子音のｌについては、それが語尾（たとえば Paul や bottle）あるいはシラブルの終わり（例 fullback）にある場合など、河口域英語話者の多くが、コックニーのようにほとんどｗ音にしてしまう傾向がある。

コックニーのよく知られた特徴である母音の前にあるｈ音の省略は、河口域英語話者にはあまり起こらない。けれど、アルファベットのｈを haitch と発音する人が多いという（Coggle 前掲書。前に述べた、コックニーが母音の前にｈを入れる現象と基本的に同じと考えるべきだろうか）。

まだまだ他にもあるが、このような特徴ないし傾向はあくまで一般論である。ＥＥ話者の中には、特徴を多く示す人もいれば、ごく少しだけの人もいる。ＲＰに近い人、コックニーに近い人、いずれもＥＥ話者なのである。

脱階級社会の共通語になるか？

同じくＥＥ話者と言っても、言語学的に表現と発音にはかなりの差異がある。それはかれらの社会階層の幅が広いことを反映している。けれど、幅が広いのであればなおいっそう、河口域英語の発展は、多様性を許容しあう言語的、社会的変化だと言える。アクセントの間に壁を設け、異なるアクセントとそれを話す階級の人々を排斥するのが、イギリス社会の伝統だったから。

先に取りあげた『マイ・フェア・レディ』の原作『ピグマリオン』の著者バーナード・ショーは、社会主義者として差別に批判的だった。その考え方に基づいて作品は、ロンドンの労働者をはじめすべての人がＲＰ話者になれるようにＲＰを学び、人々の間の垣根を取り払うことを推奨している。しかしそこには、ＲＰが美しく良いものである一方、コックニーは醜いものだという価値観が読み取られる。

河口域英語の広がりは、差別化をやめ、すべての英語を認める方向への変化である。ようやくイギリス社会が階級性を脱しようとする兆候と見るべきかもしれない。その意味では、河口域英語が近い将来に、多様な英語を話すイギリス人の標準語にはならないまでも、共通語となる可能性はある。

第八章　フーリガンは「二つの国民」の生き証人か？

フーリガンという名の妖怪《ようかい》

マルクスとエンゲルスが『共産党宣言』の冒頭で、共産主義という妖怪がヨーロッパを徘徊《はいかい》しているという意味の言葉を書いたのは、ヨーロッパの革命の年一八四八年だった。二〇一二年、ロンドンオリンピックの年に、ヨーロッパといわず世界の広範な地域を徘徊しているのは、イギリス生まれのフーリガニズムという妖怪らしい。多くの人々から恐れられ、諸政府または当局が手を尽くしてもなかなか退治できない点で、フーリガンはかつての共産主義に似ている。

筆者は、「ロンドンオリンピック」と「フーリガン対策」をキー・ワードにインターネットをざっと見て、対策が多彩であることに驚いた。一つおかしかったのは、二〇一一年トルコのイスタンブールで行われたサッカーの国内戦で、入場者を女性と子供にかぎったことである。これは平和的ですばらしいと思う一方、女性と子供だってフーリガンに化ける可能性はないのかという疑問もある。ロンドンオリンピック用ではないけれど、顔認証システムの導入を考えている国もあるらしい。恐ろしいだけでなく、これでは人権問題も出てきそうではないか。別の意味で怖くなってくる。

他にも、フーリガンをサッカーがらみの暴徒と決め込んでいることが気にかかる。たしかにフーリガンとサッカーの結びつきは強いけれど、決してサッカーに限定されないはずだし、スポーツと関係のないフーリガンもいる。それに、暴徒と決めつけるやり方は、様々な理由から暴力に訴えざるをえない人々を十把ひとからげにテロリストと呼ぶのと同じで、かえって解決を阻害しないかと心配になる。

元祖フーリガン登場

では、フーリガンとは一体どんな人のことをいうのだろう？　現代の日本でフーリガンという言葉を聞いたことのない人は少ないと思われるが、どれだけの人がその正確な意味を知っているだろうか。

そのように問いかけることは簡単でも、こたえはなかなか難しい。ドミニック・ボダンが書いている通り、一般的なイメージは「イギリス人で、若くて社会的不適合者で、普段の生活でも軽犯罪を犯しており、酒浸りで、サッカーの試合を口実にスタジアムに悪事を働きに来る」人ということになりそうだ（陣野俊史、相田淑子訳『フーリガンの社会学』）。ただし、イギリス人ということについては、もともとはそうだったし、今でもイギリスがフーリガンの本場だと思われているけれども、イギリス以外の多くの国の人々に対してもフーリガン」という言葉が使われるのは周知の事実である。また、はたしてサッカーが口実にすぎないのかどうか、単なるイメージとしても、そう簡単に言い切れないのではなかろうか。

いずれにしても、フーリガンの実態を知るためには、まずはじめにこの言葉が突然使われ始めた一八九八年に遡る必要がある。

その年八月の暑いバンク・ホリデイ（法定の休日）に、ロンドンの若者たちが街頭で暴れまくった。彼らは数々のいわゆるバンダリズム（破壊行為）を働いたり、酔っ払って喧《けん》嘩《か》したり、グループ同士で抗争したり、人々に殴りかかったり蹴ったり、さらには金品を強奪したりする。あげくに若者たちが多数逮捕されたが、その際に彼らが抵抗したばかりか、時に二、三百人にものぼる労働者たちが加担した。

路上の「非行」に走る労働者階級の若者たちが「フーリガン」と呼ばれるようになるわ

けだが、若者の不良集団は、この言葉が現われた一八九八年に初めて登場したわけでもなければ、かれらの不良行為、いわゆるフーリガニズムがロンドンにかぎられていたわけでもない。イギリスにおいて農村人口より都市人口のほうが多くなった一九世紀の半ばまでには、都市における青少年犯罪が人々の耳目を引き付けていた。また一八八〇年代のマンチェスターや九〇年代のバーミンガムでは、それぞれの地域で独特の名で通る若者のギャング集団の存在が知られている。同じようにロンドンの若者集団にもそれぞれグループ名があったが、彼らはいつの間にか自分たちのことをフーリガンと名乗るようになっていたらしい。

先ほどのバンク・ホリデイ事件をきっかけに、フーリガンという言葉が新聞報道にたびたび現われるようになった。そのころ、労働者の総合娯楽施設として大変な人気のあったミュージック・ホールから、一つのヒット曲が生まれる。それは「ブラザー・フーリガン」または「フーリガンたち」という曲だった。その中で「オー、フーリガン！」と繰り返される部分に来ると、若者たちが「安い二階席から舞台上の演《だ》し物に狂喜する」姿が頻繁に見られたという（井野瀬久美惠『子どもたちの大英帝国——世紀末、フーリガン登場』）。この大ヒット曲のおかげで、フーリガンという言葉は一般に広まり、英語として定着する。

これから分かるように、フーリガンはもともと、また本質的には、サッカーファンのことを指す言葉ではなかった。

英語としては一風変わったフーリガンという言葉は、いったい何に由来するのだろうか。語源についてはジェフリー・ピアソンが *Hooligan: A History of Respectable Fears* の中でやや詳しく取り上げている。その中の一説によれば、パトリック・フーリガンというアイルランド人からとった名だという。この男は、労働者が多く住んでいたロンドンの一角エレファント・アンド・カースルで無法者として知られていたが、警官を殺して獄中死したらしい。これはけっこう流布している話ではあるが、はたして信じてよいのかどうか、しっかりした根拠がない。他にもアメリカ起源説やオーストラリア起源説などがあるが、筆者の知るかぎりイングランド人を起源とする説はない。

イングランドの若者たちを表わす言葉なのに、なぜイングランド人起源の説明がないのだろうか。そこに、このフーリガンなる若者集団の特異性があるように思われる。次節ではこの問題を取り上げたい。

フーリガンは非イギリス的か？

前述したように、若者の不良集団による「非行」は、一八九八年以前にも、またロンドン以外でも数々あった。その中で例のバンク・ホリデイ事件は、たまたま首都における大きな騒乱であったために大きく報道され、フーリガンの名が国中の（やがて二〇世紀の後半には世界中の）非行に走る青少年に与えられたのだった。

フーリガンが非難されたのは言うまでもなく彼らが数々の非行を働いたからである。中でも最大の罪は、彼らの行動が法と秩序を重んじる「イギリス的」な暮らし方に反するということだった。ではそのイギリス的な暮らし方、あるいは「イギリスらしさ」とは、一体どのようなことを意味するのだろうか？

イギリス人は常に冷静沈着で、非常事態が起こっても我を失うことはない。また、自分を大事にするのと同じく他人の存在を重んじる。だから、戦うべきときには断固として戦うが、決してルールを忘れず、正々堂々と戦う（フーリガンのように足で人を蹴ったりせず、「フェア・プレイ」の精神を発揮する）。こういう態度の社会的、政治的な表われが「法と秩序の尊重」という保守主義になる。

これはたしかにイギリス人の一面ではあるが、彼らが歴史上常にそのようであったかどうかは大いに疑問がある。そのうえ、「イギリス的」というほど大方のイギリス人に当てはまるかどうかも、きわめてあやしい。ともあれ、一九世紀終わりのイギリス社会に、そういった保守的な「イギリスらしさ」に反するものが続々と出現していたのは事実だった。少なくとも、当時、支配階級と中産階級の人々は多くがそのように受け取った。

具体的にそれはどのような時代だったか、ざっと見てみよう。一九世紀の半ばに繁栄の時代を迎えたように思えたイギリス社会だが、すでに世紀の後半には暗い影が忍び寄っていた。アメリカやドイツなどがイギリスの工業にほとんど追いつき、イギリスの「世界の工場」としての地位を脅かしていた。それにともなって国内には八〇年代から不況の波が押し寄せ、同時に、国民のおよそ三〇パーセントもの人々が窮乏状態にあることが、複数の社会調査から分かってくる。さらには、帝国主義の絶頂期にありながら、すぐ終わるはずだったボーア戦争はなかなか勝ちが見えない。しかも、帝国を支えるはずのイギリス兵を供給するべき労働者たちが、体格と健康において劣悪な状態であることが露呈する。

そこに、従来の保守的なイギリス人には受け入れがたい、多くが労働者階級にかかわる種々の社会現象が現われてきた。いくつか例を挙げると、休日になると海浜の保養地には、比較的余裕のある労働者たちが大挙して押しかけては騒ぎ、静かな落ち着いた環境を台無しにする。流行のミュージック・ホールは、低俗な歌を歌い、舞台で犯罪を演じてみせるので、判断力のない労働者、とくに若者たちを悪の道に誘い込む（と思われていた）。中でも評判の悪いものは自転車だった。乗る姿勢が健康を害するうえ、通行人を危険な目に遭わせるというのだ。おまけに、自転車は女性までが、とくに知性も道徳心もあるはずの中産階級の女性までもが、女性にあるまじき服装で乗り回す。この階級を超えた現象に対して保守的な人々の嘆きは大きかった。

けれど、後のフーリガニズムの成り行きを考えるとき、ここで特記すべきはフットボールである。フットボールは、原型が広くヨーロッパの各地で行われていたから、とくにイギリスのスポーツとは言いがたい。けれど、現在のルールは一九世紀のパブリック・スクールで基本が作られたので、イギリスに縁の深いスポーツであることには違いない。その言わば出自を考えたら、これが紳士のスポーツであったことは言うまでもない。少なくとも表向きは、勝敗よりも、正々堂々と戦うことのほうが重んじられた。

ただ、プロのフットボールとなると話は変わってくる。フットボール・リーグが一八八八年に設立されて以来、つまりフットボールが見るスポーツにもなってから、選手・審判・観客の間に騒ぎの絶えることはなかった。現代の日本人からみれば、むしろプロとしては当然とも思えるが、サッカークラブはよく戦うことよりも勝つことを目的としていた。そのためには戦術その他の点で手段を選ばない。ファンは、地域のクラブが勝つのを見るために観戦したから、不利な情況になると大声でやじったり、フィールドに乱入して審判や相手の選手に襲いかかったりした。現在われわれが知っているようなサッカー・フーリガニズムがすでに始まっていたのだ。フーリガンという名前が生まれる前から、フーリガン自体と同じくサッカー・フーリガニズムもまた登場していたのである。

フットボールは、パブリック・スクールや大学で見られるような「紳士」のスポーツと、金銭を目的とした勝つための見世物という二つがあるかのような情況だった。後者が、支配階級から「非イギリス的」とみなされ、非難されたことは言うまでもない。

これは、大雑把に言えば「二つの国民」があるという、一般的なイギリス社会の情況と対応している。したがって、実はきわめて「イギリス的な」情況だったのである。だが、そのことを理解するためには「二つの国民」とは何かを説明する必要がある。

「二つの国民」とは何か?

「二つの国民」とは、一九世紀の後半に自由党のグラッドストーンと並んでイギリス二大政党制の基礎を築いた保守党の首相ディズレイリが、まだ下院の一議員であった時に書いた小説『シビル』(一八四五年)の副題に使った言葉であり概念である。ディズレイリはこの書において、ヴィクトリア女王が即位して間のないころのイギリスが、富める者と窮乏にあえぐ労働者階級の二つに分裂していることを説いた。後者は貧しいだけでなく、無知なうえに信仰を失って、中にはほとんど獣のような生活を営むにすぎない者さえいる。一方、支配階級の人々は富んでいるのに(あるいは、富んでいるがゆえに)被支配者の生活実態は全く知らず、自分たちの利益を追求するに忙しい。両者の間には埋めがたい溝が存在する。

このような考えを小説の形を借りて表明したディズレイリ自身は、支配階級が責任を果たし、労働者と統合して一つの国民となることを目指した（後に首相として労働者の一部に選挙権を与えたのも、そういう階級融和を志す方針の表われだっただろう）。けれど、それとは裏腹に、イギリスは階級社会であり続けたので、「二つの国民」という表現は、イギリスの階級的に分裂した状態を表わす言葉として、今に至るまで人口に膾炙している。

もちろん体制側が、このような状態を是正して階級間の関係改善を図ろうとしたことはある。その一例に、本章の考察対象である若者たちに大きくかかわる問題として、初等教育の義務化を取り上げてみよう。

イギリス人は長らく個人主義の名の下で多くの事柄に個人の責任を重視したので、自分の子供たちを教育するかどうかはそれぞれの親の問題と考えてきた。その結果、裕福な個人は子供たちの教育をパブリック・スクールやグラマー・スクールに託すようになる。他方、貧しい人々は、子供たちが教育を受けるより、働いて家族の暮らしを助けることを期待した。もっとも、労働者階級の子供たちにしても、優れた才能を認められたごく一部の者が推薦制度によって前記のような学校に通う可能性はあった。また、一八世紀ころから貧しい子どもたちを対象に、国教会と非国教会の開設した任意寄付学校（ヴォランタリ・

スクール）や慈善学校（チャリティ・スクール）などに進む道も開かれ始める。しかし大部分は無知のまま放任されていた。

国家が重い腰を上げてようやく大衆教育にかかわるようになったのは、一八三〇年代に国庫補助金を出すことを決めてからだった。その後一八七〇年の初等教育法から、ようやく初等教育を義務教育とする政策が進められることになる。

けれど、教育内容となると、子供たちの欲求はおろか、必要を満たすことさえなかった。重視されたのは宗教教育とスリー・アールズ、つまり読み・書き・算術だった。前者は労働者階級の子供の大部分にとって生活実態から程遠かったし、後者は教え方によっては興味を引いただろうが、実際は理解より、とにかく丸暗記することが求められた（その成果が学校の受ける補助金の額を左右したからである）。

当の子供たちや親にとっては不満であっても、そのような教育内容はかなり長く続いた。これはいったい何を意味するのだろうか。おそらくは、子供たちの人間的な発達や可能性を十全に助長しようとする意図は体制側にはなかったのだ。むしろ、将来子供たちの多くが労働につくときに、工場や工場主の要求に応えられる程度の「初等教育」こそ、与えるにふさわしい教育とみなされたのである。身分にふさわしい分をわきまえた規律、しかし近代的な工場制度の中で働くには必要な程度の知識、その二つを宗教教育と読み・書き・算術を通じて学習することが、少なくとも一九世紀から二〇世紀の初頭に労働者の子供たちに求められた教育内容だった。しかも、こういったことを鞭打ちを含めた強制によって子供たちに刷り込もうとしたのだ。

非行は語る

それに対して子供たちはどのような態度をとっただろうか。筆者には統計的にどれくらいの子供たちが抵抗したかは分からないが、彼らの不満が種々の形をとったことは明らかである。スティーヴン・ハンフリーズの興味深い研究は、教師への反感と反抗、教室における悪ふざけ、学校の器物の破壊、生徒たちのストライキ、ずる休み、軽犯罪（万引きなど）、暴力行為等の事例を豊富に挙げている（『大英帝国の子どもたち——聞き取りによる非行と抵抗の社会史』）。これらの行為は、すでにそれ自体でフーリガニズムと言うべきものもあれば、いずれフーリガニズムに向かうと考えるべきものもある。

一九世紀には子供たちの反抗や非行は、生物学的か道徳的か社会的な原因に帰せられることが多かった。労働者階級の子供たちは生まれつき人間的に劣っているか、道徳的観念に乏しいか、都会の刺激と貧乏と大衆文化から悪影響を受けている、という考え方である。これに対して、ハンフリーズは前掲書の中で新しい見方を示した。一八八九年から一九三九年までの半世紀の間に教育を受けた多数の労働者を対象に、既存の録音テープなどを利用すると同時に新しく聞き取り調査を行い、真相に迫ったのである。子供時代（と青年時代）の生活実態や学校生活の実情、そして学校に対する評価を探り、いわゆる青少年・少女の非行ないし犯罪の意味を知ろうとした。

ハンフリーズは、彼らの非行と犯罪が、道徳的欠陥や大衆社会の誘惑から生まれたものではなく、むしろ、多くは自分たちの生活や価値観とは違うことを押しつける体制に対する反逆行為であることを示した。たとえば、ずる休みといっても、怠惰からではなく、家族を手伝う必要から学校を休まざるをえないこともある。それを罰したら、子供に反抗心が生まれるのは当然だろう。学校や教師が、子供たちを人間として成長させることより、規制するほうを重んじたとしたら、子供たちが敵意を抱くのも道理である。

また、都市の労働者の子供たちは狭苦しい家に住んで放課後に集う場所がなかったから、(農村に住んでいたときとは違い)伝統的に路上が遊び場であった。興が乗ると大勢が大声で騒いだり、結果的にバンダリズムと呼ばれるような器物破損に至ったりすることも当然あっただろう。そんなときに警官から厳しく規制されたら、それを恨むのは自然の成り行きである。労働者の子供たちは、警察に対して敵意を抱き、ことあるごとに抵抗するのがむしろ慣わしのようになっても、少しも不思議ではない。

万引きや窃盗については、彼らの間には、生きるために行うこと、つまり飢えや渇きのような人間の基本的な必要を満たすために行う行為は、犯罪ではないという意識があった。これは、たとえば一八世紀の食糧暴動や一九世紀の機械破壊を行った労働者階級の意識または価値観(不当な処置に対して抵抗ないし対抗するのは正当であるとの信念)に通じる。子供たちは、非行に走るようにみえて、実は伝統的な労働者の正義感を継承していたのである。

このように、労働者の子供たちは貧困と不平等のただなかに生きて、体制側とは別の価値観を抱くようにならざるをえなかったのだ。ここでいう不平等とは、必ずしも制度上のものではなく、生活体験の中で経験する事実上の不平等である。路上の器物破損を例にとってみよう。オックスフォード大学やケンブリッジ大学の学生が、友人と度を過ごして酒を飲み、街灯を壊すことがあっても、それは若さの発露として不問に付されることが多かった。ところが同様のことを労働者階級の若者たちが行うと、バンダリズムとして非難され、場合によっては犯罪者として罰される。

このようにみてくると、イギリスの初等・中等教育は、制度的にもまた実際の効果においても、「二つの国民」を解消して同一の国民意識を持たせるどころか、むしろ国民の分裂を強化するのに貢献したようにも思われる。フーリガニズムを生み出す温床だったとさえ言える。

現代のフーリガンたち

今日のフーリガンは、圧倒的にサッカーファンが多いと言ってさしつかえないだろう。もちろん、サッカー以外のスポーツに絡むフーリガンもいれば、もともとのフーリガンと同じくスポーツとは関係なく、ただ街路で騒ぎ立てるフーリガンもいる。とはいえ、大方のフーリガンはサッカーがらみと言ってよいだろう。

もっとも、ここ数年、フーリガンによる大混乱は日本にはあまり聞こえてこない。しかしこれはフーリガンがいなくなったことを意味するわけではない。イギリスではプレミア・リーグの入場券が高く設定されたうえ、スタジアムにおける警察の取り締まりが厳しく（徹底した規制に人権問題の心配をする人々もいる）、警察の国際的な連携が密なため、フーリガンが自由に行動できないという事情があるようだ。そのかわり、彼らの言わば主戦場が、下のクラスの試合とサッカー場外、つまり、もともと彼らが領分にしていた路上に戻ったらしい。

フーリガンは今も存在するものの、彼らの社会的背景はかなり変わった。一九世紀から二〇世紀の前半くらいまでは、貧困ゆえにフーリガンとして生きていくよりすべのない若者たちが圧倒的に多かった。けれど今は年齢的にも幅がある。もっと大きな変化は、個々のフーリガンはともかく、全体として、もはや彼らが貧乏であるとは言えなくなったことである。

労働者階級もかなり変わってきた。サッチャー政権時代の持ち家政策に乗った者もあるうえ、スラムの取り壊し以後、郊外の高層集合住宅に住むようになったためか、少なくとも一部の人々は多少とも価値観が中産階級化してきたように思える。それが、前章に見た言葉の変化にも表われているのだ。ただし、以前でも単に収入面からみれば、第二次大戦後の労働者階級は、必ずしも中産階級の下層に劣ったわけではない（そのうえ、子供の教育にかける費用は中産階級の場合よりずっと低かったから、暮らし向きが逆転していた例も少なくなかった）。さらに大きな変化もある。現代のフーリガンは、必ずしも労働者階級にかぎられてはいない。ともあれ、労働者階級であってもなくても、けっこう金のある人々がフーリガンになっている。

しかしながら、変わらない点が一番重要であるように思われる。それは、今も昔も、フーリガンが現実の社会の中に安心できる身の置き場を見出していないことだ。つまり、彼らはフーリガンであること以外には、現代世界の中に自らのアイデンティティを持てないでいる。そうであるかぎり、フーリガンは、いかにサッカーの入場券が高くても、いかに警察の規制が厳しくても、生き残り続けるだろう。ただ一つ、彼らが姿を消す条件は、社会が、彼らにアイデンティティを保証する社会に変わることである。

あとがき

最近気になるテーマがある。前から気になってはいたが、去年（二〇一一年）の東日本大震災を経てますます重要に思えてきたことだ。自然と人間の共存にかかわる「経済成長と静止社会」の問題である。

今、日本で一番大事なことの一つが東北の復興であることは言うまでもない。そして復興のためには、停滞する日本経済が成長しなければならないという声が一段と大きくなっている。震災はともかく、イギリスを含めてヨーロッパとアメリカも不況を脱すべく、経済成長を待望する声が高い。はたしてそれでよいのだろうか？　この疑問に答えてくれる意外な提案がイギリスから発せられたことがある。一五〇年以上前のこと、人々が産業革命の成果に酔いしれ、さらなる成長を望むさなかに、おごれるイギリス人に冷や水を浴びせる哲学者・経済学者がいた。その名は、J・S・ミル。

ミルは『経済学原理』において、いつまでも経済成長を続けることは不可能だし、望ましくもないと説いた。先進国が間もなく必然的にたどり着く「静止状態」は、嘆くべきことではなく、むしろ喜ばしいとも。増大する人口を支えるためにどんどん自然を搾取して破壊し、何の楽しいことがあるものか。荒廃の中で貧富の格差が増大するばかりの状態より、欲望を抑制しつつかぎられた富の分配を配慮して静止状態に満足し、「生きる技」(art of living)を磨くことこそ、富を求めて競争するより好ましい。

この考え方はミルが『功利主義論』の中で述べた有名な言葉にも通じる。「満足した豚であるより不満足な人間であるほうが望ましい。満足した愚か者であるより不満足なソクラテスであるほうが望ましい」(著者訳)。その理由としてミルが挙げているのは、「尊厳の感覚」が不満足な人間とソクラテスにはあるということである。

ソクラテスは、本当に不満足だったのだろうか？　むしろ、自然に生きる動物として限界を知り、分にあった暮らしをすることに充実感を覚えなかっただろうか？　これは根拠のない憶測にすぎないが、現代の人類は七〇億を超えて、なお快適さをどこまで追求するべきか？　ミルは先進国が「静止状態」に達すると述べたが、はたしてそれは終着点なのか？　このままでは人類は絶滅危惧種の仲間入りをしないだろうか？　私たち日本人は震災を機に、人間の身の丈に合う生活とは何かをまず問うべきではないか？

奇しくも今年はオリンピックがロンドンで開かれる。近年オリンピックは開催ごとに派手さを競いあうようにみえる。しかし、イギリスは産業の絶頂期に、人類の静止的な未来を展望するミルのような思想家を生んだ国である。その精神を生かして持続可能な運営方法を取り入れ、人間の尊厳を見せてくれるくつろいだ大会にしてほしい。

ミルはアダム・スミス以来の古典経済学派の継承者だったから、競争と成長をこそ支持しそうなものだった。逆にそれを批判して静止社会を提案したことは、意外でもあり不思議でもある。けれど私たちがイギリスに見出したいことは、そういう人間的な側面ではないだろうか。同じ意味で、私はロンドンオリンピックに人間のドラマを期待する。

本書で取り上げた「不思議と謎」は、超自然的でもなければ非日常的でもない。イギリス人が日常的あるいは歴史的にかかわってきたものの中にある不思議さと謎である。そういうものをふだん人は当たり前と思いこみ、不思議さや謎が潜むとは夢にも思わないだろう。しかし、いったん不思議に思い始めると、それがどうして今そこにあるか、また過去にそこに現われたか、よけい気にならないだろうか？　少なくとも私はそうだった。

ミルの静止社会の提案をはじめ、本書では書けなかった事柄の中にも不思議と謎、あるいはイギリスらしさがたっぷりある。そういう問題を論じる日が来るかどうかは知らず、読者にイギリスの不思議さを感じてもらえたなら、うれしいこと、このうえない。書くことは全体として楽しかった。願わくは、本書を読んでいただいた皆様も楽しまれたことを。

ここに書いたテーマのいくつかは、勤務大学においてイギリス文化の講義またはセミナーとして取り上げたものである。一般の人々に向けて講演したときのテーマもある。そのたびに手厳しい批判と質問、時に好意的なコメントをいただいたことが、今回新書を書くにあたり大いに役立った。書き進める間に、家族が分かりにくいところを指摘してくれたこともありがたかった。最後に、集英社の金井田亜希さんには一方ならぬお世話になった。新書の一般的な性格から細かな言葉遣いの不備に至るまで様々に指摘していただいたおかげで、何とか形を整えることができた。心から感謝の言葉を申し上げる。

二〇一二年六月

金谷展雄

引用・主要参考文献一覧

第一章

ソースティン・ヴェブレン　高哲男訳『有閑階級の理論』ちくま学芸文庫　一九九八年
織田元子『ステッキと山高帽――ジェントルマン崇拝のイギリス』勁草書房　一九九九年
ウィリアム・シェイクスピア　福田恆存訳『お気に召すまま』新潮文庫　一九八一年
ウィリアム・シェイクスピア　中野好夫訳『ヘンリー四世　第二部』岩波文庫　一九七〇年
ジェフリー・チョーサー　桝井迪夫訳『完訳カンタベリー物語』岩波文庫　一九九五年
フィリップ・メイソン　金谷展雄訳『英国の紳士』晶文社　一九九一年
山田勝『決闘の社会文化史――ヨーロッパ貴族とノブレス・オブリジェ』北星堂書店　一九九二年
Bourne, J. M. *Patronage and Society in Nineteenth Century England*. E. Arnold, 1986
Burke, Edmund. T. W. Copeland ed., *The Correspondence of Edmund Burke*. Cambridge University Press, 1958–1978
David, Hugh. *Heroes, Mavericks and Bounders: The English Gentleman from Lord Curzon to James Bond*. Michael Joseph, 1991
Mingay, G. E. *The Gentry: The Rise and Fall of a Ruling Class*. Longman, 1976
The Oxford English Dictionary. Oxford University Press, 1928
Raven, Simon. *The English Gentleman: An Essay in Attitudes*. Anthony Blond, 1961

Sitwell, George R. "The English Gentleman", *The Ancestor,* No. 1. April, 1902
Stone, Lawrence and Jeanne C. Fawtier Stone. *An Open Elite?: England 1540–1880.* Oxford, 1984
Thompson, F. M. L. *English Landed Society in the Nineteenth Century.* Routledge and Kegan Paul, 1963

第二章

小野修『アイルランド紛争――民族対立の血と精神』明石書店　一九九一年
ショーン・オフェイロン　橋本槇矩訳『アイルランド――歴史と風土』岩波文庫　一九九七年
川北稔編『イギリス史』（新版世界各国史11）山川出版社　一九九八年
高橋哲雄『スコットランド 歴史を歩く』岩波新書　二〇〇四年
エドウィン・ミュア　橋本槇矩訳『スコットランド紀行』岩波文庫　二〇〇七年
Bromhead, Peter. *Life in Modern Britain.* Longman, 1962
Daiches, David ed. *The New Companion to Scottish Culture.* Polygon, 1993
Mackie, J. D. *A History of Scotland.* Penguin Books, 1964
Morris, Jan. *The Matter of Wales: Epic Views of a Small Country.* Penguin Books, 1984
O'Connor, Frank ed. *A Book of Ireland.* Fontana/Collins, 1959

第三章

磯淵猛『一杯の紅茶の世界史』文春新書　二〇〇五年

斎藤禎『紅茶読本』柴田書店　一九七五年
滝口明子『英国紅茶論争』講談社選書メチエ　一九九六年
角山栄『茶の世界史――緑茶の文化と紅茶の社会』中公新書　一九八〇年
出口保夫、出口雄大『英国紅茶への招待』ＰＨＰ研究所　一九九三年
春山行夫『紅茶の文化史』平凡社　一九八一年
守屋毅『お茶のきた道』ＮＨＫブックス　一九八一年
Glyn, Anthony. "A Nice Cup of Tea", *The Blood of a Britishman.* Hutchinson, 1970
Macfarlane, Alan and Iris Macfarlane. *Green Gold: The Empire of Tea.* Ebury Press, 2003
Moxham, Roy. *Tea: Addiction, Exploitation and Empire.* Constable and Robinson, 2003
Orwell, George. "A Nice Cup of Tea"(1946), *The Collected Essays, Journalism and Letters of George Orwell,* Vol. 3. Secker and Warburg, 1968

第四章

秋島百合子『パブリック・スクールからイギリスが見える』朝日新聞社　一九九五年
池田潔『自由と規律――イギリスの学校生活』岩波新書　一九四九年
伊村元道『英国パブリック・スクール物語』丸善ライブラリー　一九九三年
鈴木秀人『変貌する英国パブリック・スクール――スポーツ教育から見た現在』世界思想社　二〇〇二年
竹内洋『パブリック・スクール――英国式受験とエリート』講談社現代新書　一九九三年

トマス・ヒューズ　前川俊一訳『トム・ブラウンの学校生活』岩波文庫　一九五二年
ジェイムズ・ヒルトン　菊池重三郎訳『チップス先生さようなら』新潮文庫　一九五六年
ヘンリー・フィールディング　朱牟田夏雄訳『ジョウゼフ・アンドルーズ』岩波文庫　二〇〇九年
E・M・フォースター　小野寺健、川本静子、小池滋、北條文緒訳『アビンジャー・ハーヴェストI』みすず書房、一九九五年
E・M・フォースター　瀬尾裕訳『インドへの道』ちくま文庫　一九九四年
Arnold, Thomas. A. P. Stanley ed., *The Life and Correspondence of Thomas Arnold*, 2 vols. B. Fellowes, 1845
Bamford, T. W. *Rise of the Public Schools: A Study of Boys' Public Boarding Schools in England and Wales from 1837 to the Present Day*. Nelson, 1967
Butler, Samuel. *Hudibras; with notes by T. R. Nash*. Oxford University, 1835
Castronovo, David. *The English Gentleman: Images and Ideals in Literature and Society*. Ungar, 1987
Gathorne-Hardy, Jonathan. *The Public School Phenomenon, 597–1977*. Hodder and Stoughton, 1977
Girouard, Mark. *The Return to Camelot: Chivalry and the English Gentleman*. Yale University Press, 1981
Honey, J. R. de S. *Tom Brown's Universe: The Development of the English Public School in the Nineteenth Century*. The New York Times Book, 1977
The Oxford Dictionary of Quotations, Third Edition. Book Club Associates, 1981
Strachey, Giles Lytton. *Eminent Victorians*. Chatto and Windus, 1918

Walford, Geoffrey ed. *British Public Schools: Policy and Practice.* The Falmer Press, 1984
Walford, Geoffrey. *Life in Public Schools.* Methuen, 1986

第五章

来住正三『マザー・グースをしってますか?』南雲堂　一九八八年
鳥山淳子『映画の中のマザーグース』スクリーンプレイ出版　一九九六年
夏目康子『不思議の国のマザーグース』柏書房　二〇〇三年
夏目康子『マザーグースと絵本の世界』岩崎美術社　一九九九年
平野敬一『マザー・グースの唄』中公新書　一九七二年
平野敬一『マザー・グースの世界――伝承童謡の周辺』エレック選書　一九七四年
藤野紀男『マザーグース案内』大修館書店　一九八七年
渡辺茂編著『マザー・グース事典』北星堂書店　一九八六年
Mulherin, Jennifer ed. *Popular Nursery Rhymes.* Granada, 1981
Opie, Iona and Peter ed. *The Oxford Dictionary of Nursery Rhymes.* Oxford, 1951
Warner, Marina. "Speaking with Double Tongue: Mother Goose and the Old Wives' Tale", Roy Porter ed. *Myths of the English.* Polity Press, 1992

第六章

安東伸介、小池滋、出口保夫、船戸英夫編『イギリスの生活と文化事典』研究社出版　一九八二年
シュテファン・ツヴァイク　古見日嘉訳『メリー・スチュアート』みすず書房　一九七三年
J・E・ニール　大野真弓、大野美樹訳『エリザベス女王1、2』みすず書房　一九七五年
ギルバート・フェルプス　大蔵雄之助訳『英国王室物語――イギリス君主制の歴史』サイマル出版会　一九七五年
アントニア・フレイザー　松本たま訳『スコットランド女王メアリ』中央公論社　一九八八年
森護『英国王室史話』大修館書店　一九八六年
Fraser, Antonia ed. *The Lives of the Kings and Queens of England*. Macdonald Futura Publishers, 1975
Fraser, Antonia. *The Six Wives of Henry VIII*. Weidenfeld and Nicolson, 1992
Freeman-Grenville, G. S. P. *The Wordsworth Book of the Kings and the Queens of Britain*. Wordsworth Editions, 1997
Lacey, Robert. *Great Tales from English History*. Little, Brown and Company, 2007
Loades, David. *The Reign of Mary Tudor*. Longman, 1991
Warnicke, Retha M. *Mary Queen of Scots*. Routledge, 2006

第七章

菅山謙正（代表）『河口域英語（Estuary English）の英語学・社会言語学的研究』（科学研究費補助金研究成果報告書）二〇〇八年

菅山謙正編『変容する英語』世界思想社　二〇〇五年

ロバート・マクラム、ウイリアム・クラン、ロバート・マクニール　岩崎春雄他訳『英語物語』文藝春秋　一九八九年

Altendorf, Ulrike. *Estuary English: Levelling at the Interface of RP and South-Eastern British English.* Gunter Narr Verlag Tübingen, 2003

Christopher, David. *British Culture: An Introduction.* Routledge, 1999

Coggle, Paul. *Do You Speak Estuary?: The New Standard English.* Bloomsbury, 1993

Crancher, Steve. *Dijja Wanna Say Sumfing?: A Guide to Estuary English.* Ian Henry Publications, 2002

Franklyn, Julian. *A Dictionary of Rhyming Slang.* Routledge and Kegan Paul, 1960

Hughes, Arthur and Peter Trudgill. *English Accents and Dialects: An Introduction to Social and Regional Varieties of British English,* Second Edition. Edward Arnold, 1987

Przedlacka, Joanna. *Estuary English?* Peter Lang, 2002

Shaw, Bernard. *Pygmalion.* Penguin Books, 1971

Wright, Peter. *Cockney Dialect and Slang.* B. T. Batsford, 1981

第八章

井野瀬久美恵『子どもたちの大英帝国――世紀末、フーリガン登場』中公新書　一九九二年

スティーヴン・ハンフリーズ　山田潤他訳『大英帝国の子どもたち――聞き取りによる非行と抵抗の社会

史』柘植書房　一九九〇年
ビル・ビュフォード　北代美和子訳『フーリガン戦記』白水社　一九九四年
ドミニック・ボダン　陣野俊史、相田淑子訳『フーリガンの社会学』白水社　二〇〇五年
カール・マルクス、フリードリヒ・エンゲルス　大内兵衛、向坂逸郎訳『共産党宣言』岩波文庫　一九五一年
パトリック・ミニョン　堀田一陽訳『サッカーの情念――サポーターとフーリガン』社会評論社　二〇〇二年
テオ・ライゼナール　佐藤克彦、野間けい子訳『フーリガン解体新書』ビクターブックス　二〇〇二年
Disraeli, Benjamin. *Sybil: or The Two Nations*. Oxford University Press, 1970
Kerr, John H. *Understanding Soccer Hooliganism*. Open University Press, 1994
Pearson, Geoffrey. *Hooligan: A History of Respectable Fears*. Palgrave Macmillan, 1983
Tsoukala, Anastassia. *Football Hooliganism in Europe: Security and Civil Liberties in the Balance*. Palgrave Macmillan, 2009

あとがき

J・S・ミル　伊原吉之助訳『功利主義論』（『世界の名著49 ベンサム、J・S・ミル』中央公論社　一九七九年）
Mill, J. S. Donald Winch ed. *Principles of Political Economy*. Penguin Books, 1970

金谷展雄（かなたに　のぶお）

一九四〇年大阪府生まれ。津田塾大学名誉教授。一九五九年、東京大学入学。教養学科にてイギリスの文化と社会を専攻。東京大学大学院修士課程修了後、津田塾大学教授などを経る。著書に『D・H・ロレンス論』（南雲堂）、訳書に『英国の紳士』（著者フィリップ・メイソン／晶文社）など。

イギリスの不思議《ふしぎ》と謎《なぞ》

集英社新書〇六四六B

二〇一二年六月二〇日　第一刷発行

著者……金谷展雄《かなたにのぶお》

発行者……館　孝太郎

発行所……株式会社集英社

東京都千代田区一ツ橋二-五-一〇　郵便番号一〇一-八〇五〇

電話　〇三-三二三〇-六三九一（編集部）
〇三-三二三〇-六三九三（販売部）
〇三-三二三〇-六〇八〇（読者係）

装幀……原　研哉

印刷所……凸版印刷株式会社

製本所……株式会社ブックアート

定価はカバーに表示してあります。

ISBN 978-4-08-720646-3 C0236

Printed in Japan